河北省社会科学基金项目"营商环境赋能企业新质生产力发展研究"（项目号：HB24ZT030）的研究成果

中共河北省委党校（河北行政学院）资助出版

营商环境赋能新质生产力发展研究

程爱军　杨玉冰 ◎ 著

中国海洋大学出版社

·青岛·

图书在版编目（CIP）数据

营商环境赋能新质生产力发展研究 / 程爱军，杨玉冰著 . -- 青岛 ：中国海洋大学出版社，2025. 3.

ISBN 978-7-5670-4178-3

Ⅰ . F832.48；F120.2

中国国家版本馆 CIP 数据核字第 2025LF0747 号

营商环境赋能新质生产力发展研究

YINGSHANG HUANJING FUNENG XINZHI SHENGCHANLI FAZHAN YANJIU

出版发行	中国海洋大学出版社		
社　　址	青岛市香港东路 23 号	邮政编码	266071
出 版 人	刘文菁		
网　　址	http://pub.ouc.edu.cn		
责任编辑	郑雪姣	电　　话	0532-85901092
电子邮箱	zhengxuejiao@ouc-press.com		
图片统筹	寒　露		
装帧设计	寒　露		
印　　制	定州启航印刷有限公司		
版　　次	2025 年 3 月第 1 版		
印　　次	2025 年 3 月第 1 次印刷		
成品尺寸	170 mm×240 mm	印　　张	13
字　　数	236 千	印　　数	1 ~ 2000
定　　价	88.00 元		
订购电话	0532-82032573（传真） 18133833353		

发现印刷质量问题，请致电 18133833353 进行调换。

前　言

2023 年 9 月，"新质生产力"一词首次出现在公众视野之中，至此学术界对这一概念进行了系统性界定。从学术界关于"新质生产力"概念的解读中，人们可以深刻理解新质生产力是创新起主导作用，摆脱传统经济增长方式、生产力发展路径，具有高科技、高效能、高质量特征，符合新发展理念的生产力质态。

新质生产力的形成与发展过程需要依托良好的生产关系，优质的营商环境可以助力良好生产关系的形成。全面优化营商环境，赋能新质生产力发展也就成为中国经济领域发展的焦点。本书以此为立足点，将具体的实践路径分为六个章节进行系统化论述。

第一章对不同背景下的营商环境进行解读，其中包括法治建设背景下的营商环境解读、全球竞争背景下的营商环境解读和数字技术时代背景下的营商环境解读，目的在于阐明不同背景下的生产关系。第二章对新质生产力产生的时代背景进行分析，主要从科技创新为新质生产力的产生提供驱动力，以及经济全球化为新质生产力的产生带来重要影响两个方面，来说明在当今时代发展的大环境下，新质生产力形成与发展是历史的必然。第三章主要对营商环境赋能新质生产力发展的理论基础进行深入研究，其中包括生产力与生产关系理论、索洛残差与全要素生产率理论、信息不对称与竞争优势理论和制度经济学理论四个部分，为本书研究全过程提供坚实的理论基础支撑。第四章明确营商环境赋能新质生产力发展的着力点，即以要素营商环境的优化为赋能新质生产力发展的突破口、以市场化营商环境的打造为赋能新质生产力发展的土壤、以产业化营商环境的培育为赋能新质生产力发展的引擎、以法治化营商环境的提升为赋能新质生产力发展的支撑和以国际化营商环境规则为赋能新质生产力发展的保障五个部分，目的在于为系统化构建营商环境、赋能新质生产力发展的实践路径指明方向。第五章是本书的核心所在，即营商环境赋能新质生产力发展的路径构建，主要包括"先行示范：紧抓先行示范并逐步对营商环境的关键变量予以有效把握""制度创新：各项惠企政策纷至沓来并对企业全生命周期实现全覆盖""产业发展：培育沃土并逐步开发出地区专属的优势产业'主力赛道'"和"要素优化：政府高度重视金融市场和信贷市场的同步发展"四部分内容，对优化营商环境、赋能新质生产力发展的实践操作加以阐明。第六章通过案例，对国内有关城市和地区的成功经验进行全面总结，主要包括上海市、成都市、东北地区营商环境赋能新质生产力发展案例，为不断优化营商环境，赋能新质生产力进一步发展提供更多的成功经验。

本书以时代背景和理论分析为基础，将明确营商环境赋能新质生产力发展的着力点作为关键，并以此为依据提出营商环境赋能新质生产力发展的基本路径，最终通过成功案例加以论证，充分显示出"理论与实践相结合"的研究思想。本书研究成果对进一步促进中国经济高质量发展有着重要的理论价值和实践价值。

目 录

第一章　不同背景下的营商环境解读

第一节　法治建设背景下的营商环境解读

一、打造一流法治化营商环境是深入践行习近平法治思想的重要内容

自中国共产党第十八次全国代表大会胜利召开以来，以习近平同志为核心的党中央高度重视法治化营商环境建设工作，并且习近平总书记更是在众多场合之下，对全面优化营商环境的建设工作提出了多项明确要求。具体而言，2014 年 12 月，习近平总书记在主持中央政治局集体学习时，明确强调了"加快市场化改革，营造法治化营商环境"[①]，各级政府部门也随之开始将这一要求作为日常工作的重点。在 2017 年召开的中央财经领导小组第十六次工作会议中，习近平总书记明确指出，"营造稳定公平透明、可预期的营商环境"[②]，这也标志着法治化营商环境建设在全国范围内开始进一步深化。在

[①]　罗东川 . 奋力打造一流法治化营商环境 推动法治成为福建发展核心竞争力 [EB/OL].（2022-12-23）[2025-01-03].https://www.moj.gov.cn/pub/sfbgw/zwgkztzl/xxxcgcx-jpfzsx/fzsxllqy/202212/t20221223_469707.html.

[②]　新华社 . 习近平主持召开中央财经领导小组第十六次会议 [EB/OL].（2017-07-17）[2025-01-03].https://www.gov.cn/xinwen/2017-07/17/content_5211349.htm.

博鳌亚洲论坛 2018 年年会开幕式上，习近平总书记强调"投资环境就像空气，空气清新才能吸引更多外资"①，进一步凸显法治化营商环境在国家经济与社会发展道路中的重要性。在庆祝海南建省办经济特区 30 周年大会上，习近平总书记明确指出了"加快形成法治化、国际化、便利化的营商环境和公平开放统一高效的市场环境"②，而这无疑对国内营商环境建设与发展提出了更高的要求。在 2019 年 2 月召开的中央全面依法治国委员会第二次会议上，习近平总书记结合国家经济发展的新形势作出了"法治是最好的营商环境"的重要论断③。另外，在 2020 年举办的第三届中国国际进口博览会开幕式上，习近平总书记针对持续优化营商环境方面，提出了一系列有力举措④。以上重要论述均是习近平法治思想的基本组成部分，不仅为当下乃至未来国内法治化营商环境的建设与发展指明了准确方向，更为国内全面打造优质营商环境打下了坚实理论基础。

二、打造一流法治化营商环境是传承弘扬习近平在福建工作期间重要理论思想，并进行创新和实践探索的内在要求

习近平同志在福建工作期间，关于"营商环境建设"，自身提出了诸多重要理念，并且进行了一系列重大研究与探索。1988 年 6 月至 1990 年 4 月，在宁德地区任地委书记期间，他就明确指出软功夫是贫困地区这只"弱鸟"借以飞洋过海的高超技术，强调"没有安全感，外商不会来，来了也会

---

① 叶晓楠，师悦，崔潇宇，等.空气清新才能吸引更多外资 [EB/OL].（2018-04-24）[2025-01-03].http://politics.people.com.cn/n1/2018/0424/c1001-29944770.html.

② 刘旭.市场环境：海南自贸港"硬核"比较优势 [EB/OL].（2021-02-26）[2025-01-03].https://www.hainan.gov.cn/hainan/ztfaxw/202102/a6839b997cc54ab48cfa85df1f2a221b.shtml.

③ 陆娅楠，吴秋余，刘志强，等.法治是最好的营商环境 [EB/OL].（2019-05-05）[2025-01-03].https://www.gov.cn/xinwen/2019-05/05/content_5388646.htm.

④ 经济日报.打造法治化国际化便利化营商环境：学习习近平主席在第三届中国国际进口博览会开幕式主旨演讲 [EB/OL].（2020-11-08）[2025-01-03].https://www.gov.cn/xinwen/2020-11/08/content_5558717.htm.

走"①。这也表明营商环境是贫困地区扶贫致富的软环境。1990 年 4 月，习近平同志从宁德地委书记岗位调任福州市委书记岗位，在其工作中，明确强调福州市要"大力营造一个法制化、按国际惯例办事的投资软环境"，并推动实行投资项目审批"一栋楼办公"②，为福州市全力打造优质营商环境奠定了坚实基础。自 1996 年起，习近平同志在福建省委和省政府工作期间，明确提出了"市场经济是法治经济"③，并且多次强调各级政府部门工作人员要牢记人民政府前有"人民"两字，并亲自担任福建省机关效能建设领导小组组长，强调"今后政府职能转变的关键是做到有所为有所不为"④。这些理念和伟大实践无疑与"法治是最好的营商环境"⑤ 等重要论述在精神层面高度统一，各级政府部门在全面打造优质营商环境的过程中应倍加珍惜，将其真正传承弘扬下去的同时，要助其落地生根。

三、打造一流法治化营商环境是贯彻新发展理念、推动高质量发展的迫切需要

在中国共产党第二十次全国代表大会政府工作报告中，明确强调了中国

---

① 罗东川.奋力打造一流法治化营商环境 推动法治成为福建发展核心竞争力 [EB/OL].（2022-12-23）[2025-01-03].https://legal.gmw.cn/2022-12/23/content_36253089.htm.

② 尹力.深入学习贯彻党的十九届六中全会精神 以法治建设为保障推进新发展阶段新福建建设 [EB/OL].（2022-02-23）[2025-01-03].http://www.fujian.gov.cn/xwdt/fjyw/202202/t20220223_5844455.htm.

③ 人民网.人民日报整版探讨：社会主义市场经济是法治经济 [EB/OL].（2023-04-03）[2025-01-03].http://opinion.people.com.cn/n1/2023/0403/c1003-32656208.html.

④ 罗建华.全国两会地方谈："管""放"联姻并行是政府职能转变之要 [EB/OL].（2016-03-09）[2025-01-03].https://www.xinhuanet.com/politics/2016lh/2016-03/09/c_128787178.htm.

⑤ 新华社.习近平主持召开中央全面依法治国委员会第二次会议并发表重要讲话 [EB/OL].（2019-02-25）[2025-01-03].https://www.gov.cn/xinwen/2019-02/25/content_5368422.htm.

在全面建设社会主义现代化国家中，要将高质量发展作为首要任务[①]。而在全面推进中国各项事业高质量发展的过程中，深入贯彻新发展理念需要在法治层面的规范、引领、保障之下落实。具体而言，政府部门要不断加大知识产权保护力度、反垄断力度、反不正当竞争力度，为全社会打造良好的法治环境的同时，为创新发展营造理想氛围。在此期间，各级政府部门要对各方利益进行有效平衡，并对重大利益作出及时有效的调整。法治还是绿色发展的重要保障，各级政府要有最严格的制度和最严密的法治来守护绿水青山。从国际角度出发，在当今时代发展大环境之下，国际经济规则与国际法律秩序话语权的激烈竞争对于全球经济治理至关重要，而法治则能够为经济高度开放与发展提供重要保障。再将目光放在群众角度，群众各方面的权利维护，以及社会公平正义的实现过程无疑都需要法治作为保障，而该重要保障条件也是社会实现共享发展的重要前提。法治化营商环境是市场经济高质量发展的理想条件之一，市场主体也会在这样的影响环境之下迸发出活力，经济稳步增长自然会成为现实。通过以上观点论述，可以总结出在当今中国经济与社会高质量发展背景之下，政府部门需要着力营造法治化营商环境，使得制度性交易成本得到有效降低，这样既可以提振市场主体的信心，同时能够对市场主体的发展提供有力推动，让高质量法治助推中国经济与社会的高质量发展。

第二节　全球竞争背景下的营商环境解读

一、优化营商环境是坚持和完善中国特色社会主义制度，建立更加完善的市场经济体制，完善治理体系和提高治理效能的需要

自 2017 年起，中国特色社会主义进入发展的新时代，社会主要矛盾也

---

① 姜琳，樊曦，严赋憬.坚持以高质量发展为首要任务：在深刻领会新时代 10 年伟大变革中贯彻落实党的二十大精神之发展篇 [EB/OL].〔2022-11-24〕[2025-01-03].
https://www.gov.cn/xinwen/2022-11-24/content_5728488.htm.

由人民日益增长的物质文化需要同落后的社会生产之间的矛盾，转化为人民日益增长的美好生活需要和不平衡不充分的发展之间的矛盾，中国政府为了全面应对世界百年未有之大变局，为了全面实现中华民族伟大复兴，必须坚持和全面完善中国特色社会主义制度，并不断推进国家治理体系和治理能力的现代化。对此，中国共产党中央委员会和中华人民共和国国务院于 2020 年联合发布了《关于新时代加快完善社会主义市场经济体制的意见》，明确强调要在更高的起点、更高的层次、更高的目标上，不断推进中国经济体制改革和其他各方面体制改革，打造出更为系统、完善、成熟定型的高水平社会主义市场经济体制[①]。根据这一要求，各级政府在营商环境的构建方面还要面对诸多挑战。其间，不仅要处理好与市场之间的关系，还要处理好与社会之间和市场与社会之间的关系，做到在关键性和基础性重大改革措施上，不断寻找到创新的突破口，让先进生产力能够得到解放、创造、发展。与此同时，各级政府还要将产权制度的完善、要素市场化配置、政府管理与服务方式的创新、市场经济法律制度的完善放在重要位置，达到依托高水平的开放来助推中国深层次的市场化改革，全面实现"产权有效激励、要素自由流动、价格反应灵活、竞争公平有序、企业优胜劣汰"的要求[②]。而这也正是国家建设一个理想的市场经济体制、展现中国特色社会主义制度、完善国家治理体系、增强国家治理能力、提升国家治理效能的迫切需要所在。

二、优化营商环境是政府精准推进供给侧结构性改革，增强发展动力和活力，持续推动经济健康发展的需要

在 1979 年后的很长一段时间中，各级地方政府为实现全面推动地方经济快速发展目标，纷纷加大了直接投资和招商引资的力度。在这样的大环境

---

① 新华社.中共中央 国务院关于新时代加快完善社会主义市场经济体制的意见 [EB/OL].（2020-05-18）[2025-01-03].https://www.gov.cn/zhengce/2020-05/18/content_5512696.htm.

② 郭斐然，张建平，侯亚景.加快完善社会主义市场经济体制 [EB/OL].（2017-12-31）[2025-01-03].http://www.qstheory.cn/dukan/qs/2017-12/31/c_1122175160.htm.

下，各地区也呈现出通过 GDP 增长来来掩盖其他方面短板的现象，这样的局面也反映出各地区经济存在粗放化发展的场景，具体表现主要体现在一些惠民政策已经突破底线，矿产资源野蛮式开采、生态环境遭到破坏等。对此，随着中国共产党第十八次全国代表大会的胜利召开，中国共产党领导下的中国政府以新发展理念为引领，全面加快供给侧结构性改革和现代化经济体系建设的步伐，力求推动中国经济从高速发展的状态转向高质量发展，以此来适应经济新常态发展趋势。在这里，社会经济转变发展方式、优化社会经济结构、转换经济增长动力不仅仅要依靠市场的自我调节功能，更需要各级政府从中更好地发挥作用。优化营商环境作为推动社会经济发展的必要条件，在于其能够对招商引资工作的全面开展，以及推动 GDP 增长起到帮助作用。可是，优化营商环境的最终目的并不是使招商引资工作得到更好开展，也不是 GDP 的快速增长，而是坚持以供给侧结构性改革为主线，在稳定经济基本盘的重要前提之下，持续提高经济增长质量，推动国民经济始终保持健康且可持续的发展状态。营商环境的优化过程中，政府无疑要充分发挥出主体作用，既要做到精准化推进供给侧结构性改革，也要向全社会提供优质的公共产品和公共服务。因为市场在社会经济发展过程中能否发挥出决定性作用，主要取决于政府放权、减权、减利的程度，而这也是一场刀刃向内的向市场放权、为企业松绑、让群众获得更多便利的政府自我革命①。在此期间，政府部门要全面加强事中和事后监管职责，逐渐从事前审评型政府和经济发展竞争者的角色，转变成为服务型政府，而这也是各级政府部门不断增强服务意识、全面提升服务效率、加大公共服务供给道路中所要面临的一次"大考"。

三、优化营商环境是保护产业链供应链安全稳定，维护国家产业和经济安全，提升国际竞争力的需要

就目前而言，国际社会的经济、政治、文化、安全等多个方面都在无形中发生着变化，甚至已经形成了深刻调整，特别是受到不可抗力影响之后，

---

① 中国政府网.李克强：最大限度减少政府对市场活动的直接干预 [EB/OL].（2018-05-25）[2025-01-03].https://www.gov.cn/xinwen/2018-05/25/content_5293717.htm.

这样的大变局加快了演变速度，国际发展大环境也显得不够稳定，影响国际发展大环境的不确定性因素也在逐渐增加。具体而言，在当今国际发展大环境中，经济全球化已经遭遇逆流，并且一些国家开始奉行保护主义和单边主义，社会经济活动秩序的井井有条状态已经被打乱。美国作为守成大国，为了能够在世界范围内主导国际经济发展的地位，不断对中国经济采取施压措施，而这无疑对中国社会主义现代化建设和国际地位的巩固与发展产生不利影响。为此，中国面对当今全球化发展大环境，要在一个不稳定和不确定的发展大环境中谋求发展新思路，在思想层面和实际行动方面做好打持久战的准备。其间，国家经济与社会发展要形成以国内大循环为主体、国内国际双循环相互促进的经济与社会发展格局，让中国参与国际合作与竞争的优势逐渐凸显出来，全面保障中国产业链供应链安全稳定的同时，提高中国各个领域在国际社会中的竞争力。就目前而言，中国各级政府应该针对产业链供应链断裂和脱钩，以及外企和民企的流失、低端产业和企业的存活、高端产业和企业引入四个方面，作出不断地创新。在这里，应从两方面入手：一是各级政府要不断寻求卧薪尝胆式的创新，从根本上解决核心技术和关键技术"卡脖子"的问题，实现在各个领域能够保持自主可控的目标，真正实现产业链供应链的本土化。二是各级政府部门要全面加增强自身对外资的吸引力，以及对现有外资企业的黏性，使之对中国的营商环境产生高度依赖感。这两个方面能否成为现实，显然取决于各级政府能否创造出优于世界其他国家的营商环境。

第三节 数字技术时代背景下的营商环境解读

随着时代发展进程的不断加快，中国已经全面进入数字技术时代。在该时代背景之下，生产要素发生了颠覆性的变化，数字化和智能化的生产要素已经成为社会生产力发展的核心力量。对此，营商环境的建设与发展要与当今社会生产力发展保持高度适应，以下是笔者针对数字技术时代背景下的营商环境进行的解读，解读思路如图1-1所示。

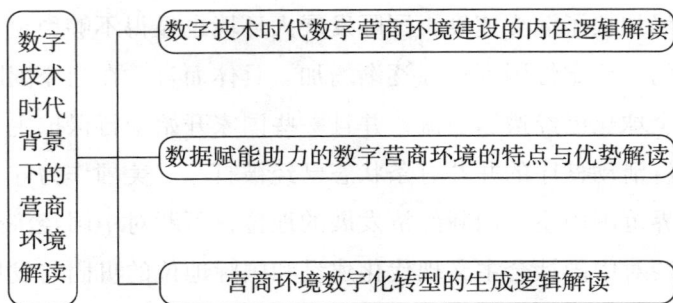

图1-1　数字技术时代背景下的营商环境解读

一、数字技术时代数字营商环境建设的内在逻辑解读

进入21世纪，互联网、大数据、人工智能等现代信息技术加速迭代和深度渗透，驱动着人类社会快速进入数字技术时代。数字技术时代建设数字营商环境不仅是数字政府建设的重要内容，还是数字经济发展的必然趋势和数字社会治理的内在要求。

（一）建设数字营商环境是数字政府建设的重要内容

数字政府是数字技术时代背景下社会正常运行和发展的必然产物，也是政府部门为了全面适应时代发展大环境有效深化行政体制改革、重构与市场之间的关系、全面优化营商环境、赋能数字经济发展的关键一环。随着大数据、人工智能、5G通信等互联网信息技术的广泛应用，企业无论是生产经营模式，还是组织模式都在无形中改变，平台型的组织形式和互联网经营模式已经被越来越多的市场主体所采纳，该生产经营方式也打破了传统市场交易过程中物理空间的限制，跨时空和跨地域的线上交易成为企业市场活动的主要形式。这样的市场交易活动需要通过严格且规范的政府审批和政府监管，政府部门如何做到高效率审批和全方位监管，成为政府部门构建并优化理想营商环境的关键。对此，政府部门在建设数字营商环境的过程中，要立足数字经济发展的特点和具体需求，切实改变传统的市场监管模式，并对战略性新兴产业的市场准入条件、运营规范、退出制度予以明确；政府部门要高度整体化、数据化、智能化，要以部门之间的数据开放和共享作为基本原则，实现各类信息的一体化监管和快速响应。此监管模式需充分适应如今市场经济发展的大环境，让复杂、多变的市场经营活动得以顺利开展。

（二）建设数字营商环境是数字经济发展的必然趋势

数字经济是以数据资源为关键要素，以现代信息网络为主要载体、以信息通信融合应用与全要素数字化转型为重要推动力，促进公平与效率更加统一的新经济形态。以物联网、大数据及人工智能等现代信息技术为驱动力的第四次工业革命席卷全球，更新了人们对关键要素的认知，传统的农业经济和工业经济以土地、劳动、资本等为关键要素，以知识、技术、数据等为核心要素的数字经济已成为全球经济复苏和经济增长的新引擎，世界各国将发展数字经济作为国家重要战略目标。党的十八大以来，以习近平同志为核心的党中央高度重视发展数字经济，习近平总书记深刻指出"数字经济发展速度之快、辐射范围之广、影响程度之深前所未有，正在成为重组全球要素资源、重塑全球经济结构、改变全球竞争格局的关键力量"，并强调要"促进数字技术和实体经济深度融合，赋能传统产业转型升级，催生新产业新生态新模式，不断做强做优做大我国数字经济"。2022 年我国数字经济规模达 50.2 万亿元，总量居世界第二，同比增长 10.3%，占 GDP 比重提升至41.5%。在数字时代，生产要素的数据化、交易活动的在线化、组织形态的平台化等都正在重塑生产经营方式，数字经济在促进经济快速发展的同时，也对营商环境提出了更高的要求，建设数字营商环境就成为适应市场发展需求和促进数字经济发展的必然要求。

二、数据赋能助力的数字营商环境的特点与优势

数字技术时代的到来，标志着营商环境的建设由此迈向数字化，数据将会成为数字营商环境建设的核心所在。这样既可以为市场主体经营活动带来诸多便利，同时也能提高政府在市场治理方面的数字化水平，这不仅是数据在营商环境转型升级中的优势体现，更能催生出经济发展的新动能。

（一）数据赋能的数字营商环境的特点

1. 基础设施智能化

在数字技术飞速发展的时代背景之下，数字营商环境构建的核心理念在于用最低的成本，为全社会广大企业和公众提供优质的政务服务，可是要将其转化成为现实必须具备理想的前提条件，即营商环境基础设施得到全面改善。就营商环境基础设施的功能而言，主要体现在"连接"方面，传统意义上的营商环境基础设施主要体现在物理空间上的有形连接，如公路、铁路、桥梁、机场等设施，而数字技术时代背景下的数字营商环境基础设施的功能虽然也体现在"连接"之上，但却能让突破物理空间阻隔变得无形化（云链接），这也要求相关基础设施必须具备支持大数据、人工智能、移动互联网、云计算、物联网等现代信息技术使用的条件。在这里，数字营商环境基础设施的智能化发展，则标志着世间万物都能保持互联互通的状态，各类数据都能实现全方位海量采集，数据能够做到直接到达政府云端平台，政府向全社会提供的政务服务也会由此更加方便、快捷、高效。具体而言，政府部门在数字营商环境基础设施的辅助下，可以将政务服务数据进行深度挖掘，并对数据本身所具有的关联性加以深入分析，将表面看似杂乱无章且毫无关联的数据潜在价值充分挖掘出来，让本来就"无声"的数据变得"有声"。这样政府部门对市场营商环境也会形成数字理性感知，能够通过数据信息的异常情况知晓市场各领域的发展动态，既能准确研判市场发展趋势、快速回应市场变化、精准制定并实施决策，也能为广大市场主体提供更为优质且高效的政务服务。

2. 政务服务在线化

在数字技术时代背景之下，数字营商环境建设的宗旨就是要为企业和公众提供一种整合式互联网政务服务，从而促使营商环境得到有效优化。在这里，所谓的"互联网政务服务"，其实质就是以现代信息技术为支撑，通过信息的集成与共享，将政府部门的组织结构，以及部门业务进行全面优化与整合，根据市场主体的全生命周期需求，建立营商环境政务服务平台，让固有的线下事项审批转变为线上操作流程，提高政府营商环境建设的质量与效率。这种政务服务模式与以往线下政务服务存在明显不同，所提供的政务服务突破了政府与服务对象之间存在的物理空间阻隔，能够让"数据跑腿"替代服务对象跑腿，服务对象不需要与政府部门进行面对面审批，只需要将资料上传服务平台，通过服务平台进行审批流程咨询和审批进度查看即可，最大程度缩减执照申请、纳税办理、财产登记、企业注销等相关事务的审查办理时间。这样既能提高政府职能部门的办事效率，有效降低企业在申请和审批流程中的成本，还能将线下政务服务存在的短板予以有效弥补。

3. 数据运营无界化

随着数字技术的飞速发展，数字技术时代背景下的营商环境必然会呈现出数据运营局面，并且该局面也会具有无界化特征。所谓的"数据运营无界化"，其实质就是目的更为清晰、指向更为明确、以人民为中心的数字治理局面，也就是政府部门之间、政府与企业之间、政府与公众之间有效打破数据壁垒和联通数据孤岛，能够保持方便快捷的信息交流和信息共享。政府部门之间的信息交流与信息共享主要体现在数据采集标准、数据开发方式、数据集成分配、数据整合共享等多个方面，最终形成一个完整的数据运营体系。一旦将其转化为现实，那么就意味着政府各部门之间在营商环境构建领域会形成远程合作，通过协商的方式有效解决营商环境构建过程中所存在的不足，让政府部门之间存在的行政壁垒得以打通，有效改善线下营商环境建设过程烦琐的局面，政府营商环境建设的绩效也会因此得到提高。政府与企业、公众之间的信息沟通和信息共享主要体现在政府有效获取企业和公众的信息，及时有效地了解内在需求，企业和公众也可以第一时间获取政府所发布的信息，了解政府为自身发展提供了怎样的便利条件，在协商的氛围下共同构建理想营商环境上。

4. 平台信息交互化

在数字营商环境之中，政府服务平台中的信息会涉及政府、企业、公众三个维度，同时这三个维度信息也会形成自由传递和相互沟通的局面（即平台信息交互化），这显然能够满足彼此之间的信息需求。具体而言，在数字经济时代大环境之下，一切营商活动的开展都会形成海量数据，政府的政务服务平台则在所有营商活动中发挥"数据大脑"的作用。以该平台作为重要依托，政府、企业、公众可以将自己所需要的信息进行广泛采集和有效处理，最终使其具有可读取性、可流动性、可共享性三个基本特征，让政府、企业、公众之间能够始终拥有一条畅通的共同渠道，而这显然也有利于营商环境建设过程中，形成多中心的权利格局。另外，在政府、企业、公众信息流动与共享的过程中，政府可以根据信息流动情况对市场发展现实情况和未来发展将会出现的局面进行准确判断，同时还能确保在营商环境构建过程中，有效改善政府、市场、社会之间存在的关系，从而开创出由政府、企业、公众共同商讨、共同建设、共同治理营商环境的新局面。

（二）数据赋能的数字营商环境的优势

1. 能够确保信息沟通的即时性与互动性

毋庸置疑，数字营商环境是数字技术时代发展的最终产物之一，在政务服务过程中与企业和公众的沟通方式也呈现出显著特点，即信息沟通的网络化、信息沟通的即时性、信息沟通的互动性，而这些特点也正是数字营商环境构建的重要优势之一。具体而言，企业和公众可以利用电脑和移动终端设备，通过政务服务网站向政府咨询和反映相关情况，从而使其信息获取过程和信息交流过程的成本得到有效控制，这样显然可以最大程度为企业经营活动，以及公众日常生活带来便利。另外，政府通过政务服务平台可以及时对企业和公众所反映的情况作出回应，这样不仅有效缩减政府回应的流程和有效控制回应成本，还能从中获取最为真实的社情民意。这样不仅突破了政府同企业、公众信息沟通的时空限制，解决了政府同企业、公众沟通中信息传递出现的不畅通和失真等问题，还能对企业和公众反馈的情况作出统计分析，从而预判营商环境中的潜在问题，并迅速制定出台具有针对性和前瞻性的营商环境优化政策。

2. 能够提升政府政务服务供给的精准性

以往的营商政务服务模式主要是政府各职能部门根据责任分工的不同，为企业和公众提供政务服务，这样导致政府各部门之间政务服务过于碎片化，企业和公众诉求也由此无法得到及时且有效的回应。对此，在全面优化营商环境的过程中，政府部门应将政务服务供给的及时性和精准性作为重要任务。在数字技术时代背景之下，数字营商环境的构建过程需要政府打造出综合程度较高，并且一体化较为明显的一站式政务服务平台，形成"线上"与"线下"高度统一的政务服务标准，从而让政府政务服务平台、实体大厅、政府工作网站、各移动终端设备、第三方互联网入口都能发布政务信息和办理相关业务。另外，由于线上政务服务平台和线下政务办事窗口还能够为企业以及公众提供个性化的政务服务，所以能够帮助政府部门有效化解在政务服务供给过程中所遇到的困境，确保政府对于企业和公众的政务服务供给效率大幅提升。

3. 能够有效降低政府的行政负担

从政府优化营商环境的目标出发，政府部门还要将有效降低市场主体从事经营活动时的行政负担作为初衷之一。在这里，所谓的"行政负担"，其实质就是市场主体与政府部门在进行互动交往的过程中，在业务办理和服务获取时所要面对的各种不便。行政负担的大小往往由政府与企业交往互动过程中的质量所决定，质量越高则意味着政府与企业所要承受的行政负担越轻，反之则不然。通常情况下，企业降低与政府交往互动中行政负担的能力较为有限，这样也意味着只能利用良好的营商环境来达到这一目标。所以，这就要求政府建立功能完善的一体化政务服务平台，通过线上政务服务的方式，为广大企业提供数字化和智能化的互联网政务服务，做到政务服务流程有效简化的同时，消除数据孤岛现象，从而实现政务服务的融合贯通。由此可见，以互联网为载体的政务平台不仅具有信息互联互通的优势，同时还具有服务事项全覆盖、办事指南清晰明确、功能较为齐全的优势，市场主体只需通过互联网就可以进行业务查询、服务咨询会、业务办理。这样不仅能够充分彰显政务服务的个性化和全面化两个重要特征，同时还能使其业务办理的全过程真正实现数据多跑路、服务对象少跑腿的目标，从而有效减轻市场主体在各项业务办理过程中的行政负担。

4.能够准确识别市场潜在风险

就以往固有的市场风险识别方法而言，政府部门主要以市场调研、问卷调查、公众访谈等方式来识别和预判市场中的潜在风险，这种人工识别方式在当今数字技术时代具有一定的滞后性，市场潜在风险的识别效果通常也并不能达到理想状态。因为数字技术的快速发展不仅对数字经济发展起到重要推动作用，同时也给市场带来诸多潜在且难以识别的多重风险。以往的市场潜在风险识别方法很难做到及准确识别数字经济发展所伴随的各种风险隐患，长此以往市场发展大环境必然会受到威胁。对此，在数字技术时代背景之下，数字营商环境的构建则是以数据的民意识别和市场预测作为基础，这显然能够辅助政府对数字经济发展过程中所伴随的潜在风险进行不间断准确识别。具体而言，政府部门在构建数字化营商环境过程中，必然要对企业和公众需要的政府服务进行全面了解，并采用大数据技术进行民意分析，快速且精准地掌握社情民意，对于存在的短板和不足会提前进行干预，从而让潜在问题在萌芽状态就能够得到有效解决。另外，政府各部门在构建数字营商环境过程中，还会对市场数据和行业数据进行广泛收集、深入分析、准确计算，从海量数据中挖掘市场运行的隐藏状态和规律，让潜在市场风险能够浮出水面，这无疑能够给政府部门及时制订和调整应对预案带来强有力的帮助。

三、营商环境数字化转型的生成逻辑解读

"为什么要用数字技术来优化营商环境"的问题，逻辑上还包含"营商环境与数字化转型能否相容"的问题。笔者认为，数字化转型与营商环境对"用户满意"和"创新"的共同追求，使得营商环境数字化转型获得内在驱动，数字技术对企业的赋权作用和对政府的赋能作用，则使数字化转型成为优化营商环境的外在驱动。

（一）数字化转型与营商环境理念相融

"数字化转型"随着数字技术的发展而成为热词，但人们在使用该概念时并未充分重视明确其内涵，在不同的使用场景中这一概念所指极为宽泛。汉语的"数字化"可包含英文中 digitization 和 digitalization 两重含义，而 digitalization 又和 digital transformation 一样具有某种"数字化转型"的意义。这些概念的关联性及其相互依存性导致"数字化转型"常与"数字化"混用，但概念内涵的微妙区别可以引向截然不同的理论旨趣和实践导向，因此进行概念辨析实属必要。为便于表述，在本书中笔者将 digitization 称作"数码化"，将 digitalzation 称作"数字化"，将 digital transformation 称作"数字化转型"以示区别。

数字化实质就是把虚拟信息转化为编码 0 和 1 的组合方式，意义主要体现在符号维度和物理维度，目的就是让虚拟信息的物理形态能够得到有效转变，进而便于计算机对其进行存储、处理、传输。这一技术的应用关键在于两个方面：一方面是计算机本身是否拥有强大的性能，另一方面是能否对数据进行系统化存储。所以，全面增强计算机性能和增加存储空间就成为社会数字化发展的主要外在表现。在这里，还有一点需要加以强调，即数字化是以计算机技术的全面应用为核心的，社会生活的诸多领域都要围绕数字技术基础设施的建设进行重组，进而推动社会发展的过程发生实质性变革。具体而言，人们日常生产劳动的场景要进行数字化改造，并且在技术升级的过程中，还会促使经济的数字化、社会的数字化、文化的数字化发展。数字化转型则是以多种数字技术的组合应用为根本前提的，进而引发实体产生重大变革并予以改进的过程。此过程需要经济社会实现广泛而又深刻的数字化，形成对生产的革命性影响。也就是说，社会的数字化转型将会最先出现在经济领域，具体表现就是产业和企业会相继走向数字化转型之路，数字化变革的核心部分就是用户之间的关系走向数字化，其中线上和线下两种渠道为用户之间建立了良好的数字化生态系统，供应方与需求方之间的交互更让数字化生态系统得到了强化。另外，在数字化背景下，科技创新将会以"积木重组"的方式进行，这意味着数字化会推动社会创新发展。结合以上内容，不难发现数字化转型的核心不单纯指向数字技术的广泛运用，或组织结构和业务流程的重组，更指向加快改变固有鲜明特征的步伐，这也充分说明了数字化转型的实质就是以用户为中心和创新驱动。

如果数字化转型从组织层面上升至社会层面，"创新"和"以用户为中心"就成为数字时代顺利开启的关键条件，这对治理工作依然提出了较高要求，这也意味着在全面加快社会数字化转型的过程中，社会治理工作与营商环境优化之间存在明显的功能耦合。对此，在《优化营商环境条例》中，第4条就明确政府部门营商环境的优化过程要以市场主体需求为导向，第8条明确国家和地方政府部门要建立完善的营商环境评价体系，重视市场主体和社会公众的满意度。另外，第4条、第23条、第53条、第55条分别明确了政府部门对于体制机制要始终保持创新的姿态，同时加强对监督与服务工作的创新，确保社会治理效能的最大化发挥，最终营造出理想的营商环境。

（二）数字技术赋权企业实现合作治理

1. 合作治理面临的困境

合作治理是公私部门为达到公共治理的目的而开展的权力分享与协作。它有别于协商治理、协作治理、协同治理"一切行为以政府为中心"的特征，其每个参与主体都有高度自主性并以平等身份与其他参与主体对话；它也不同于参与治理或社会自治，其出现并非基于民主行政的理想或社会自治力量成长的现实，而是对二者的扬弃。它打破了公共政策政治目标的单一性，从而使得政府必须与非政府主体开展广泛合作。

作为一种真正的共同治理，合作治理在新时代公共秩序建构、公共服务供给、公共风险防控等需求上回应的有效性，使其成为摆脱传统政府管理困境的必然选择和推进国家治理现代化的题中之义。因此，无论是出于优化营商环境作为公共治理过程的属性，还是其作为关系行政体制改革、经济体制改革等各项重大改革的系统性工程的特征，营商环境建设都应当实现从政府单一管理向多元合作治理转变。

在现实的治理环境中，切实做到合作治理并非易事，其中的根本原因就是参与合作治理的主体，以及管理过程和管理工具本身具有一定的复合性，将这些要素所存在的复合性进行有效处理是一项系统性工程。具体而言，这些要素所具有的复合性特征在通常情况下会独立存在，而合作治理的过程则需要上述各要素之间保持紧密的联系，保持相互独立的状态则会导致不良社会治理状态。另外，与其他社会治理模式相对比，可以看出合作治理模式在实践过程中应用的成熟度并不高，但在具体应用过程中对上述各要素之间的协调程度要求较高，而营商环境的建设又表现出了主体多元化、要素异质化、功能复杂且交叉的特点。如果政府、市场、企业之间不能做到相互保持协调，最终营商环境就难以实现可持续发展，而这也正是政府营商环境治理失败的风险所在。结合以上论述可以总结出，在打造理想营商环境的过程中，合作治理的有效实施需要治理者本身具备自治能力，特别是在自身发展理念上，应该深刻意识到自身应作为协调者。具体而言，在以政府为主导的营商环境治理模式之下，政府占据着重要位置，这也正是中国经济始终保持快速增长的重要法宝。然而，随着中国经济发展重心的改变，中国经济发展大环境也需要发生改变，政府资源配置的重心也要发生转移，由于国内市场主体和社会组织的健全程度还不能满足相关需求，所以政府需要在营商环境治理方面付出更大的努力，贸然以合作治理的模式打造营商环境会存在治理失败的风险。

2. 数字化转型带来的转机

在数字时代背景之下，社会权力的来源将会实现"去中心化"，也就是说政府所依赖的国家权力会向社会分散，政府部门会与相关的技术平台、企业，以及个人建立起合作关系，共同提升对数据的解析能力，这样也在无形中改变了社会权力的组织结构和实际的运行过程。在数字化转型的大环境中，政府会将市场主体作为中心，对其提供全方位的监督和服务，确保数字技术能够成为重要的治理资源，并在各个领域实现均衡化配置，这对于营商环境的构建与优化会产生直接影响，为市场主体带来的赋能效果也会达到最大化。具体而言，企业将会成为参与政府社会治理的主体，在政府所辖区域内也会形成合作治理格局。这样的治理模式可以达到现代社会所预期的社会治理效果，具体表现为三个方面。一是在政治层面，数字技术的飞速发展与广泛运用可以帮助在政策制定者、政策行动执行者、政策作用对象之间形成一种具有高度开放性，并且更加包容的数字协商民主氛围，其原因就是数字技术可以打破时间维度和地理维度的限制，让利益相关者的诉求在第一时间被政府获知，这样政府通过与利益相关者之间的沟通与交流，会做出能够满足各方需求的决策。二是在管理层面，随着大数据、云计算、区块链等新技术的深度运用，政府部门会得到更多具有真实性、高效性、全面性的决策信息，让利益相关者能够充分了解社会治理议题的具体相关信息，并且可以对区域经济发展的大环境和大趋势进行准确判断，进而会根据利益相关者所提出的诉求，做出正确决策。在这样的社会管理大环境之下，企业生产经营的审批流程、监管流程、监管与服务范围也会得到全面优化，使营商环境更加接近理想化。三是在一体化政务层面，在数字时代背景之下，全国一体化政务大数据体系的建立让治理要素的属性得到充分释放，并且随着一系列具有服务和监督功能的数字基础设施相继建成，社会中的各利益相关者参与社会治理的方式也会发生改变。这样就使得营商环境的治理过程发生了质的变化，政府与利益相关者之间形成了广泛的互动，进而让政府的治理活动变得更加公平、公正、透明。

（三）源头减少行政负担，实现政府整体治理

行政负担是近几年的新型学术概念，其作用就是使个人和企业在与政府部门进行业务交往时，能够将所要面对的摩擦和可能提供的保障进行有效描述。通常情况下，政府的行政负担是政府组织结构和行动机制构建与运行的必然产物，也会被转嫁至外界，由具体的行政管理人员来承担，承担效果会直接影响市场主体对营商环境的满意度。所以政府部门在全面打造和优化市场营商环境的过程中，应将有效降低市场主体生产经营成本，并对其生命周期提供全方位的公共管理与服务作为根本目标，让市场主体真正成为降低政府行政负担的得力助手。然而，在既定框架之下，如果政府部门无法将必要的程序进行有效优化，就会导致行政管理人员在日常政府行政管理工作中，

产生更多的学习成本、服从成本、心理成本。这些成本的出现会影响工作效率，营商环境也会受到相应的影响。

政府所要面对的行政负担通常可以概括为隐性和显性两类。其中隐性行政负担往往产生于政府与行业、企业、公众的非正式交往过程中，所以可以通过"亲""清"政商关系改革来减轻此类行政负担，具体渠道就是开展电子政务。而显性行政负担主要产生于现代政府行政部门机构组织范式中，以及政府制度典型的形式之中。这样的负担也会导致政府在建设营商环境过程中，问题的解决过程往往更加复杂。显性行政负担的具体弊端主要体现在科层组织往往无法通过自身努力改变问题现实状况，而这在营商环境的构建与运行过程中，就会导致市场主体在向政府行政主管部门提出各项申请时，通常在审批环节就会"反复跑""来回跑"，而且出现具体问题很难在第一时间得到有效解决的情况出现，不利于良好营商环境的建设。对此，减轻营商环境中的行政负担应注重源头治理，不仅要关注负担在主体间的分配，更要设法减少市场主体与政府交往时的障碍与摩擦。基于显性行政负担的成因，强调功能整合、组织协调的整体性政府的建成可大大减轻转嫁给市场主体的行政负担。但科层制的专业化导致利益部门化，既有的条块体制使得专网林立，加之行政负担的外部性，使得政府整体治理的实现须借助强有力的足以引起内部变革的外部刺激。

数字技术可从提升科层制效率、改变科层制运行机制、革新科层制组织结构三个维度优化。在减轻营商环境中的行政负担时，数字技术可扮演的正是这种既能提供工具、影响，又远超工具的角色。首先，数字技术的应用使由各散布端口接入的零散信息或被各部门专网分制的信息得以"池化"，汇集形成数据富矿。其为优化营商环境带来的前景在于，政府可在安全而充分的数据池中调取市场主体各项审批所需的基本信息，如主体信息、信用信息、合规表现信息等，且信息真实性、关联性均因已经专业人员审查或由政府官员调取而有所保证，免去市场主体学习审批清单、调取审批所需文件、提交规范的审批文件的负担，并减少传统流程所耗的时间。其次，数字技术的应用使得集成式的公共管理与服务统一平台成为可能，过去分散在各部门的业务得以集中并联，这不仅使得行政程序被重新设计并提升科层制沟通协调的能力，也改善了市场主体办理业务的流程与方式，不仅更加便捷也可减少与行政人员的直接接触，效率得以提高。最后，数字技术的应用不仅增加了政府的信息收集量、提高了信息收集速度，而且通过大数据、云计算等技术政府能够对信息进行整合分析。一方面可基于更加准确、全面的信息进行营商环境的政策决策，另一方面可利用人工智能为市场主体提供更加个性与智慧的服务，提升营商便利度，降低多种制度交易成本。综合而言，通过营商环境的数字化转型，政府的整体治理水平将得到提升，这既可减少行政负担的具体类型，又可降低具体行政负担的量级。

第二章　新质生产力产生的时代背景分析

第一节　科技创新为新质生产力的产生提供驱动力

在社会生产劳动中，科学技术是第一生产力。随着时代的发展，科学技术不断进步，这也充分印证了科技创新在不同时代背景下，始终发挥着推动生产力发展的重要作用。在当前数字时代发展大背景下，生产力的体现形式也会发生根本性的改变。本书就立足对新质生产力的解读，对科技创新驱动新质生产力的形成与发展作出明确阐述，如图2-1所示。

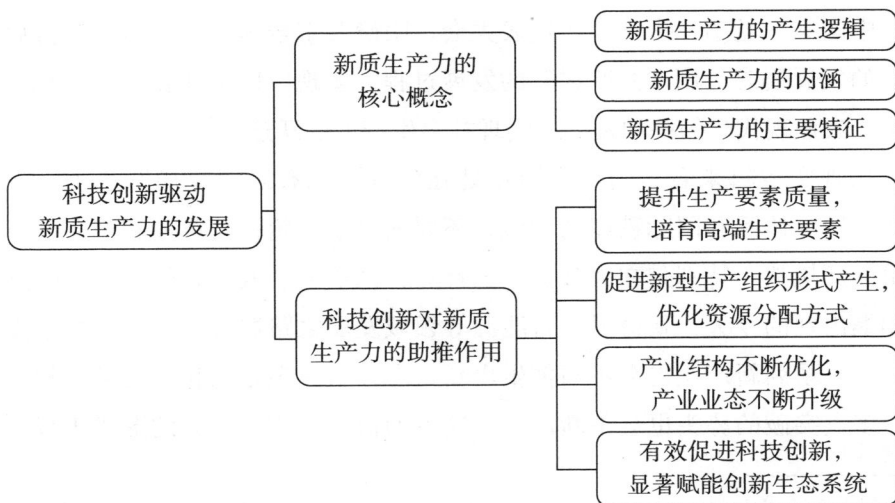

图 2-1　科技创新驱动新质生产力的发展

一、新质生产力的核心概念

（一）新质生产力的产生逻辑

从历史发展的一般规律来看，人类社会的进化之路始于石器时代，经过青铜时代和铁器时代进入农业社会，最终进入工业社会，每个时代都出现了生产力的升级迭代变化，劳动效率也随着时代的发展逐渐提高。特别是在 18世纪，蒸汽机和珍妮纺纱机等大型机械的相继出现，不仅代表着大工业时代的来临，更揭示着社会生产力大幅提升。也正是在这样的时代背景之下，人类社会迈入资本主义社会。这样的社会制度也导致了多种从属关系出现（如农村从属于城市等）。进入 19 世纪，内燃机技术和电气技术逐渐应用至工业生产领域，这些伟大发明不仅标志着新的生产力产生，更推动了资本主义的进一步发展，这为社会主义的诞生积累了物质基础。20 世纪，计算机技术、原子能技术、无线电技术相继出现，让生产力实现了又一次质的飞跃，并且让全世界生产力的构成要素发生了质的改变，促使科学技术在全世界范围内成为推动生产力发展的中坚力量。

从工业化发展历程来看，经过一代又一代人的不懈努力，中国用几十年的时间完成了西方发达国家上百年的工业化发展历程，一跃成为世界工业强国。中国共产党第二十次全国代表大会，明确要求全国上下要始终保持后来居上的发展姿态，用"并联式"的发展过程，实现中国工业化、信息化、城镇化、农业现代化的叠加发展，实现社会生产力的跃迁。①

从现实逻辑来看，当今中国正处在"百年未有之大变局"之中，不仅要面对国际体系和国际秩序的调整，还要面对新一轮科技革命和产业变革所提出的新挑战。特别是在大数据、云计算、区块链、人工智能、量子信息技术相继出现的今天，新材料、新能源等领域发展之路拥有了强大的技术支撑条件，一系列新产业也会不断催生出新业态，新业态之间相互交叉、相互融合、多点突破的势头也会不断加剧，这也加快了新质生产力的形成步伐。随

---

① 中共中央文献研究室. 习近平关于社会主义经济建设论述摘编 [M]. 北京：中央文献出版社，2017：159.

着中国共产党第二十次全国代表大会胜利召开，中国经济与社会全面开启了又好又快发展新阶段，经济发展方式的转变与产业变革也在这一重要的历史时期交会，这也意味着中国经济与社会的发展不仅迎来了新机遇，还要面对前所未有的挑战。这就需要党和政府带领全国人民对新一轮科技变革所带来的新机会做出准确识变和应变，牢牢把握住每一次发展机会，从而加快中国经济与社会高质量发展步伐，让科技赋予时代发展原动力。在此时代背景之下，党和国家提出全面发展新质生产力这一重要要求，确保在新科技和新产业发展过程中能够占据主导地位，切实让科技创新有效带动中国经济健康且又好又快发展，保证未来各产业在全球范围内始终具有较大的竞争优势。

从实践逻辑来看，社会生产力进步的实质都是以新质生产力出现为基本前提的。新质生产力会与旧质生产力之间形成矛盾，在矛盾解决的过程中，前者逐渐被社会普遍认可，最终将后者取代。经过漫长的社会主义现代化建设，党和全国人民在实践中不断探索并积累先进经验，最终使中国全面开启了新时代新征程。特别是在最近几年，随着中国科学技术实力的不断增强，基础研究和原始创新保持高效率且同步发展姿态，战略高新技术领域和高端产业发展也在不断取得新的突破，国防科技水平所取得的伟大成就更是令世人叹为观止，这些都是新质生产力形成和发展所带来的成果。然而，从总体来看，能够引领未来发展的科技储量依然需要进一步增加，高端产业的发展还有很长的路要走。与此同时，在科技创新成果转化方面，广大专家学者、相关从业人员还需要不断付出努力，新兴产业、未来产业、产业集群化发展能力还有较大的提升空间，这些离不开通过科技创新驱动新质生产力发展。

（二）新质生产力的内涵

新质生产力的实质依然是生产力，而这无疑与卡尔·马克思（Karl Marx）的观点保持高度一致。马克思认为："生产力即生产能力及其要素的发展。"[①] 也就是说，生产力代表着产品的生产能力，以及生产要素在不同时代

---

① 　中共中央马克思恩格斯列宁斯大林著作编译局.马克思恩格斯文集：第七卷 [M].北京：人民出版社，2009：1000.

背景之下所取得不断发展的能力。从现实角度出发，生产力的具体表现是人们适应自然条件，以及有效利用和改变自然条件的能力。通过这一概念的解读，不难发现生产力并非物质生产过程中的某种能力，而是多种能力和要素的集合，具有高度的系统性，并且各要素之间有着紧密联系。

随着时代发展进程的不断加快，生产力的基本构成要素也不断发生改变，一系列新的生产力正在不断替代落后生产力，时代也随着先进生产力的相继出现不断加快发展步伐。解读马克思关于生产力的概念构建，可以总结出生产力本身不仅会随着时代发展和社会进步而逐渐变得更加先进，同时人的需求不断提升也会驱动生产力逐渐发展，生产要素会伴随着生产力的不断发展而呈现出可持续发展趋势。在工业时代，土地、劳动力、资本、生产技术是生产力的代表，而在数字时代，生产力要素已经发生质的变化，数据成为推动国民经济发展的主要因素，同时成为国家经济发展水平的决定性因素，具有突出的战略性。

这充分说明在不同时代背景之下，经济发展的本源在于先进生产力不断出现，而决定生产力先进性的主要条件则在于科技创新水平，具体表现就是科技创新水平越高就越能促使人们对生产要素进行合理配置，并且能够做到高效利用，让生产力发生质的改变，新的经济时代也会在先进生产力推动之下逐渐开启。由此可见，生产力的形成通常包括两个方面，一方面是上一时代生产力的延续，另一方面是下一时代生产力的积累。而在不断延续和积累过程中，生产力的创新性会逐渐增强，会与时代发展大环境相适应。通过以上论述，可以总结出生产力的定义和内涵并不是一成不变的，而是具有历史性和动态性两个基本特征的，这些特征为学术界明确新质生产力的概念和内涵夯实了理论基础。

新质生产力的内涵指的就是新质态生产力，是通过科学技术手段进行资源创新、转化、整合，并在战略性新兴产业和未来产业中应用，最终展现出效能和质量较高的利用自然的能力，以及改造自然的能力。这种生产力的决定性因素不再采用传统高能耗和高资源消耗量的生产方式，而以科技创新为主导，颠覆传统生产力的增长路径，以"高质量发展"和"融合交叉"为表现形式。新质生产力在学术领域的"新"不仅体现在概念和表述形式两个方面，还体现在理念层面和思维层面，是旧质生产力和低质生产力逐渐向"新"发展的过程，最终对经济与社会发展发挥前所未有的推动作用。这种生产力既能适应当下经济与社会发展的现实环境，还能顺应未来经济与社会发展的必然趋势。具体而言，新质生产力的"新"主要体现在既具有新兴产业的基础性，还初显未来产业的萌芽，能够为经济发展方式的实质性转变提供新动能。

从哲学的角度进行分析，马克思主义哲学理论将生产力作为基石，具有明显的基础性和一般性，生产力概念的实质就是人们从事生产劳动和改造自然所具备的能力。而新质生产力存在本质上的不同，劳动能力不再是生产力的唯一决定性因素，还包括创新能力、科研能力、科研成果转化能力等多个层面因素，这也意味着新质生产力主要指向于新技术、新价值、新产业的形成，具有全要素性。从经济学的角度进行分析，新质生产力与传统生产力之间的主要区别就是资源投入更小、能源消耗更低、生产方式创新性更高，能够满足经济社会高质量发展所提出的新要求。这种生产力通常以信息化、数字化、智能化为基本特征，以科技创新为生产力延续过程的主导，是新型生产力不断跃迁和迭代升级的基础。

在社会学领域中，社会生产力通常能反映出具体的社会发展形态，也就是说社会生产力处于不同水平的区域，往往社会发展水平也存在明显不同。生产力也会在不同的社会形态、不同的时代背景、不同的发展阶段表现出不一样的状态。新质生产力的出现，标志着社会生态发展达到更高水平，生产劳动为了满足社会发展需要也呈现出新质态，与传统生产力相比更加具有发展潜力。新质生产力通过对新材料的有效利用来实现生产质量和生产水平的全面提升，同时生产成本也会在最大程度上得到有效控制，从而不仅推动社会新产业的发展进程，还能加快旧产业的转型与升级步伐。综合以上论述，不难发现新质生产力的出现本身就是生产力跃迁的过程，也是以科技创新为导向的新型生产力的总称。

（三）新质生产力的主要特征

随着新一轮科技革命和产业变革的不断深化，中国在信息技术、生物、能源、新材料领域不断取得新的发展，而这一局面产生的根本原因就是数字技术与人工智能技术在上述领域中实现了交叉融合，并且取得了多点突破，进而使新质生产力在当今社会应运而生。与传统生产力相对比，新质生产力的特征具体表现在以下五个方面。

1. 创新性较为明显

学术界对新质生产力并没有做出明确的概念界定，从定义的角度进行分析，新质生产力就是以科技创新为主导的生产力，该生产力以最新一代信息通信技术为基础，强调将传统生产要素在生产过程中转化为突破规模报酬递减规律的新生产要素，以此有效增加产品在生产过程中的附加值。与传统生产力的生产要素进行对比，这具有科学技术层面的创新性，体现出了更高的层次。

2. 渗透性较为广泛

生产力指的就是在生产过程中所产生的物质力量，这些物质力量通常会贯穿于社会再生产的生产、分配、交换、消费环节之中。随着数字技术的飞速发展，各行各业将数字技术作为提高自身核心竞争力的关键条件，普遍关注于如何将其运用到社会再生产的过程之中，并能让其作用最大限度发挥出来（新质生产力就此形成）。这导致以数字技术为核心的新质生产力对于社会再生产全过程产生不可替代的影响，从而也赋予新质生产力在社会生产劳动中广泛渗透的时代特征。

3. 提质性较为高效

在数字经济飞速发展的时代大背景下，技能型劳动力要具备较高的科学文化素养和智力水平，由此才能确保在当下生产劳动中不会被新生产要素所取代。因此，具备丰富的信息技术知识，掌握更新的生产工具使用技能，对传统劳动对象进行深入的开发与加工，成为当今劳动者所必须具备的基本条件。这些劳动者不仅会对产业转型升级和加快中国经济高质量发展步伐起到至关重要的推动作用，同时对新质生产力的快速发展起到促进作用。

4.动态性较为突出

从蒸汽时代、电气时代、信息时代，到如今正在经历的数字时代，每一个时代的更替和前进都离不开科技创新驱动和新型生产力的牵引。当今时代，以大数据、物联网、云计算、区块链和生成式人工智能等为代表的新一代信息通信技术加速演进，科技创新密集涌现，突破性、颠覆性技术创新正在孕育产生，由此驱动劳动技能、劳动素质的显著提升和劳动工具、劳动对象的深刻变革，体现出新质生产力的明显动态性。

5.融合性较为显著

新质生产力不是单一生产要素和生产资料连续追加的结果，而是在不同生产要素和生产资料有机融合的基础上形成的。一方面，在新一代信息通信技术的推动下，劳动者与劳动者之间、企业与企业之间的协作能力大大加强，彼此之间的信息沟通与生产合作更为密切；另一方面，数字化劳动力和新型生产工具的运用使产业链和供应链的联系更为紧密，对市场响应更为迅速，进而促进不同企业、不同行业和不同产业间建立更高效的生产网络。这种融合性不断推动生产方式和经济模式的革新，加速生产过程中资源的整合和优化配置，推动经济高质量发展。

二、科技创新对新质生产力的助推作用

从经济学角度看，经济发展的全过程涉及生产要素、生产组织形态、产业体系与技术创新等主要因素的变革。其中，生产要素是生产的基础，生产组织形态影响资源配置与生产效率，产业体系反映产业结构和生产过程中的协作关系，技术创新则是生产力的关键推动力，四者均对经济增长质量具有重要影响。新质生产力作为当今推动社会进步最活跃的要素，会先提高生产要素质量，进而优化生产组织形态，还能促进产业体系转型升级并推动技术创新发展，在经济高质量发展过程中起着至关重要的作用。因此，分析新质

生产力对经济高质量发展的作用机制，需要综合这四个维度，从生产要素—生产组织形态—产业体系—技术创新的动态发展视角展开。

（一）提升生产要素质量，培育高端生产要素

伴随生成式人工智能等数字技术的快速发展，传统生产要素与数智化生产要素融合升级，数智化技术叠加、延伸和放大了传统生产要素的功能，极大提升了生产要素质量。首先，生产要素属性得到延伸。新质生产力能够有效推动数字技术在生产过程中与资本、劳动力等生产要素的深度融合，使生产要素具备数字化、智能化特征，从而促进生产要素属性的延伸，推动生产要素向多元化、复杂化和高级化方向发展。其次，实现要素价值增加。生产要素被数字化赋能，在生产过程中具备可替代其他要素的数字化属性，从而使要素价值增加，要素之间的投入比例得到优化，进而促进生产结构的优化升级。最后，在传统自动化生产向数智化生产转型的过程中，新质生产力作为一种生产潜力，能够助推生产要素突破规模报酬递减规律，使资本、劳动力、土地等传统生产要素摆脱时间和空间的限制，显著提高产出效率，促进高质量发展。

尤其值得注意的是，劳动要素与数字技术结合给高质量发展带来的影响。劳动力作为具备主观能动性的生产要素，通过与数字技术结合，会叠加和提高传统劳动力的生产潜能，促进劳动生产率显著提升。同时，在数字技术快速迭代和强力催化下，劳动者科学文化素质、劳动技能和劳动质量在不断提高。与此同时，在部分行业、领域和岗位，受新一代信息通信技术广泛渗透性和显著创造性的影响，劳动力结构进一步趋向高级化。可以说，在数字时代，掌握新型生产工具的劳动力，将成为引领新质生产力发展的主导者。这一劳动力群体的形成和跃迁，成为形成新质生产力最积极、最活跃的因素，为经济高质量发展提供源源不断的动力。

（二）促进新型生产组织形式产生，优化资源配置方式

在数字时代，新质生产力的发展会促进数字技术实现颠覆性创新和突

破。在数字化平台产业组织模式下，数字技术可以在更大范围内打破时间和空间限制，有效连接需求端和供给端，激活市场主体多样化需求，快速增加社会生产有效供给，达到更高水平的供需精准对接和匹配，从而显著提高资源配置效率。现阶段，中国尚处于工业化发展的中后期，采取链式生产组织方式和标准化、规模化、集群化的生产模式，新质生产力带来数智化技术的创新和突破，可以有效实现生产组织的自动化、数字化、智能化和自生成式更新，从而催生新型生产组织形式和劳动方式。

基于新型供求关系和新质生产力的作用，原有的生产组织形式和劳动方式不断发生变革。具体来说，生产组织形式从物理空间的机械化流程、流水线形式和集群化生产逐渐转向依托数字技术和数字空间的智能化、平台化、生态化和共享化生产组织形式；劳动方式由原来的集中式生产逐渐转向远程式、分散式生产。同时，产品生产也由统一化、同质化向定制化、多样化拓展，从而促进生产的线上线下有机结合，数字技术与实体经济深度融合。另外，在新质生产力的推动下，依托数字技术和数字化平台，可以实现要素资源合理流动，最大限度减少要素资源流动过程中的损失，实现供给端和需求端的有效对接，显著提高资源配置效率，促进经济高质量发展。

（三）产业结构不断优化，产业业态不断升级

现阶段，中国数字经济发展迅猛，颠覆性科技创新不断涌现。大数据、区块链、云计算、生成式人工智能等新一代信息通信技术快速迭代，相关产业持续升级，新质生产力加快形成，产业业态日益发展，使"数据＋算力＋算法＋新产业和新业态"模式成为助推产业结构持续升级的新动力。其中，数字技术成为产业结构升级的主要手段，数据作为新型生产要素，算力作为新的生产潜力，都对产业升级发挥重要赋能作用，有助于在中短期内形成战略性新兴产业。伴随新一轮科技革命和产业变革的持续推进，这种模式还有助于培育代表产业长远发展方向的未来产业。这些产业都将释放出巨大发展潜能，成为催生新质生产力的重要动力源和发展新质生产力的关键载体，为经济高质量发展注入强大动能。

形成新产业、新业态、新模式是新质生产力促进经济高质量发展的必然结果。以重要产业为载体，运用"数据+算法"赋能，广泛应用新一代信息通信技术，可以促进数智化技术与重要产业深度融合，实现产业结构不断优化和产业业态不断升级，助推经济高质量发展。首先，要有效利用核心主导产业的乘数倍增效应。数字技术与产业深度融合发展，促进形成以新一代信息通信技术为支撑的核心主导产业。以数据运用为基础，用算法搭建共享平台，以算力进行技术突破，形成从基础支撑层到核心技术层再向应用场景层延伸的综合结构体系，每一层对生产要素质量的影响及与其他产业的联动效应，都会以乘数倍增速度进行外溢和扩散，推动经济高质量发展。其次，要充分发挥交叉融合产业的扩张拉动作用。借助数字技术的赋能特征，发挥核心主导产业的带动作用并与其他产业交叉融合发展，通过扩张拉动和赋能增效进一步促进经济高质量发展。再次，要有效利用潜在关联产业的活化驱动效应。将新一代信息通信技术纳入原有生产组织和运行模式，将数字化生产要素作为产业链的上游要素，运用其放大、叠加传统生产要素性状的特点，在各个环节实现附加值增值，促进下游产品和服务在分配、流通和消费环节的活化和创新，从而带来新一轮高质量增长。最后，要充分发挥战略性新兴产业和未来产业的赋能提质作用。战略性新兴产业和未来产业主要聚焦新一代信息技术、新能源、新材料、元宇宙、生成式人工智能等领域，这些前沿领域生产力的迭代和更新速度远超其他产业，对经济的赋能和提质作用更为显著。

（四）有效促进科技创新，显著赋能创新生态系统

就目前而言，全世界范围内已经普遍进入科技创新活跃阶段，以大数据、云计算、人工智能、物联网技术为代表的新一代网络信息技术正在快速发展，随之而来的则是以实现数字化和智能化为目标，以及以新材料、新工艺、新能源为内容的新一轮科技革命和产业变革，"数据+算法+算力"已经成为各产业快速占领产业链和价值链最高端的主要选择，这为科技创新发展新范式的形成提供了强大动力。在这里，"数据"是当今时代独有的新型

生产要素，"算法"则成为当代新型劳动力，"算力"作为技术创新的成果，也是技术创新过程中不可或缺的驱动力。这些要素和资源的高效应用可以大幅度降低科技创新过程中的成本，实现最高的科技创新效率。这也充分印证了科学技术是第一生产力，能够对经济与社会发展起到决定性的推动作用。新质生产力的形成与发展的全过程，正是以科学技术的创新为核心的，新质生产力通过在经济与社会发展中的不断应用，使经济与社会发展的方式发生质的改变。

从实现科技创新的必经之路的角度出发，新质生产力从无到有的过程必须有新一代信息通信技术作为支撑条件，数据、数字技术的相继出现，让生产过程和方式发生了质的改变，市场主体自身的规模、层级、边界将完全由上述因素所决定，市场主体之间的联系方式也会从有形化转为无形化，这样市场主体之间就形成了一个具有高度创新性的网络。这种网络不仅能够促使市场主体跨越地理区位的限制进行资源配置，还能让资源配置结构趋于合理化，从而有效提升科技创新的效率，为新质生产力的形成与发展提供理想驱动条件。

从赋能创新生态系统的结果角度出发，新质生产力的形成在无形中催生出多种类型创新主体，同时让产业变革逐渐从技术范式转为创新范式。这样的变革形式也赋予产业结构较强的包容性、共享性、开放性三个新特征。与此同时，技术创新的方式也逐步面向网络化、共享化、协同化、生态化发展，这样的技术创新更有利于虚拟创新主体与实体创新主体之间建立有效连接。在新型创新范式的驱动之下，虚拟创新主体和实体创新主体之间在连接方式上，以及在协作内容上都会发生明显的变化，会促使扩散的技术创新效应出现，随着时间的推移，这种技术创新效应的表现会越来越明显，更多新型的创新组织会相继出现，甚至会聚成不同规模的群落。由于新型创新方式的出现。创新生态系统的内部环境与外部环境也随之发生了明显的变化，要素、创新主体、创新组织、创新群落、创新生态系统已经迈入生态有机、特征明显的创新范式新阶段。特别是在数字时代，创新活动已经不再局限于人力资本投入和线性技术研发两个维度，而是将重点放在人与数字化，以及人与人工智能的有效连接上，做到虚拟与实体的相互连接，促进新质生产力的全面形成，并给经济社会发展指明了更为广阔、更为便捷的实践路径。

结合上述内容，新质生产力在生产要素、组织形式、产业体系、技术创新四个维度能够对经济社会发展起到重要推动作用。也就是说，这四个维度之间能够保持有效的联动、集成、协同、统一的状态，就可以构成一个完整的促进经济社会发展的长效机制，具体如图2-2所示。

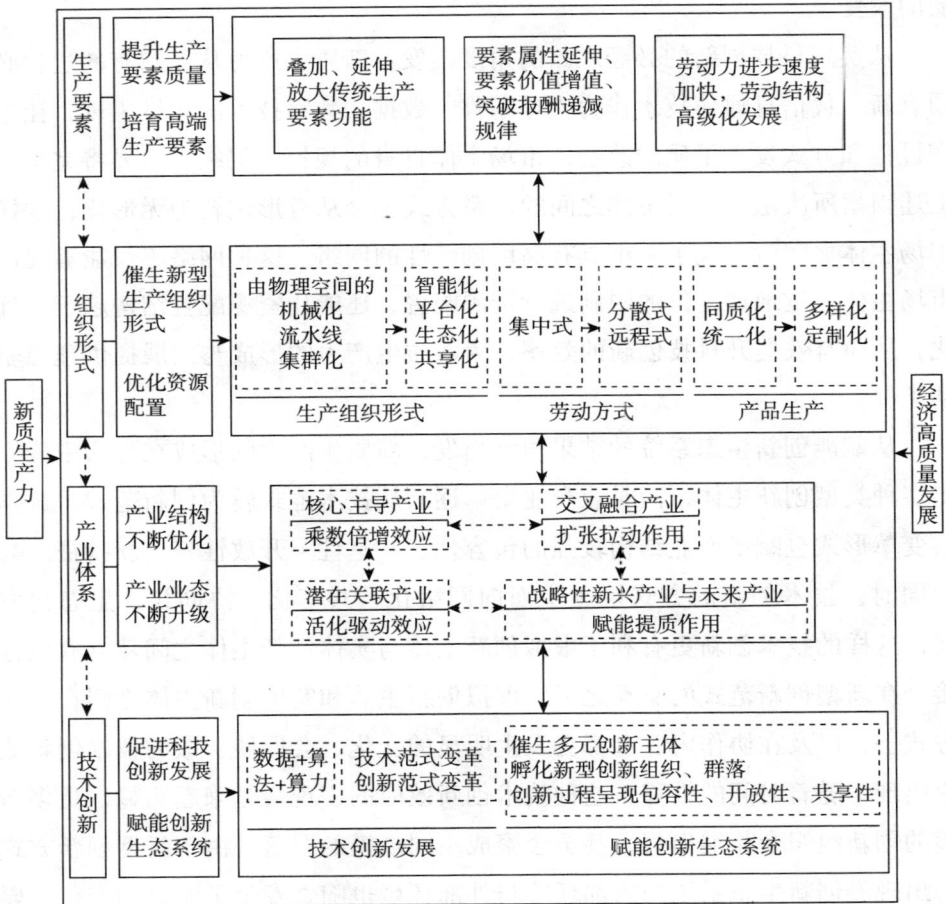

注：虚线表示各模块内部包括其他的模块，虚线箭头连接存在依赖关系的模块，实现箭头连接不存在依赖关系的模块。

图2-2 新质生产力促进经济高质量发展的机制

第二节　经济全球化为新质生产力的产生带来重要影响

在经济全球化大潮中，国家之间、国家与地区之间的生产要素流动范围不断扩大，并且生产要素在大范围流动过程中也会逐渐得到优化，这为各国家和地区经济发展起到积极推动作用，世界生产力也会随之得到发展。中国作为全球经济发展的重要组成部分，全球生产力水平的不断提升会对中国社会生产力发展起到至关重要的推动作用，这也为新质生产力的形成与发展提供了理想契机，本书就以新质生产力形成的动因分析为突破口，找出经济全球化对新质生产力形成与发展的影响，如图2-3所示。

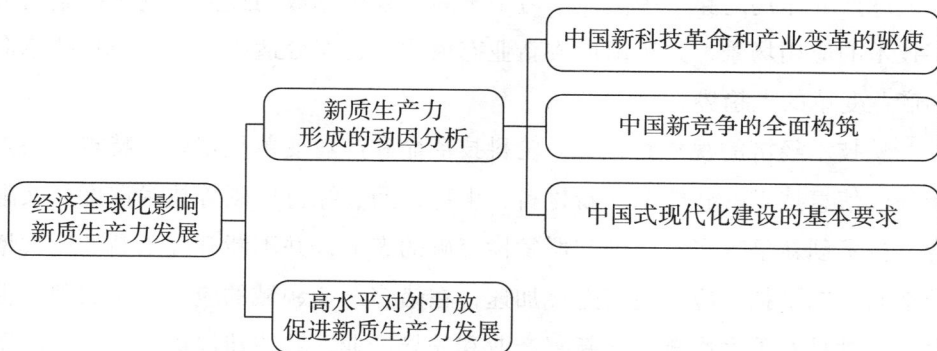

图2-3　经济全球化影响新质生产力发展

一、新质生产力形成的动因分析

结合当前中国经济社会发展所处的大环境，不难发现日益复杂的国际经济和贸易大环境给中国经济社会发展带来重要影响。其中，国外新科技革命和产业变革的步伐加快，对中国市场经济建设与发展造成影响。对此，面对日益复杂的国际经济与贸易发展的大环境，立足前端技术和产业发展对中国经济社会发展进行科学布局，全面加快新质生产力形成与发展的步伐已经成为当今中国经济社会发展的必由之路。

（一）发展新质生产力是中国新科技革命和产业变革的驱使

纵观当今时代经济与社会的发展，人们能够深刻体会到当下不仅仅是"信息大爆炸"的时代，更是知识信息主宰社会发展大环境的时代。为此，中国在谋求中国特色社会主义建设与发展时，要将互联网作为新的基础设施，将数据、信息、知识作为新的生产要素，这样才能确保当代中国无论是在经济领域，还是在社会领域，始终能够保持高质量的发展状态。从 20 世纪中后期开始，全世界范围内掀起了现代信息技术革命和现代工业化革命浪潮，这为有着工业化传统的国家带来了发展机遇，同时新一轮科技革命与产业变革也在这样的时代背景之下蓄势待发。进入 21 世纪，全球信息化和工业化融合发展迎来了契机，世界各国也在不同程度上开启了传统产业转型升级和全球产业布局之路。中国在学习中不断借鉴国际成功经验，逐步探索出数字技术的应用场景，并逐渐形成新业态模式，这充分适应了全球新科技革命和产业变革的大趋势。

从技术经济的视角看，新一轮科技革命和产业变革呈现以下特点。一是新一代信息技术、新能源、新材料、生物医药、绿色低碳等技术深度交叉融合，技术创新呈现多点突破和群发性突破的态势，并不断开辟出新的巨大增长空间。二是技术应用创新迭代加速，在诸多产业领域的应用趋于成熟，催生了一批具有重大影响力的新兴产业和先导产业，并快速渗透至制造、能源等传统产业领域，数字技术和智能技术的突破性应用驱动社会生产力水平全面跃升。三是数据成为与土地、劳动力、资本相并列的重要生产要素，成为一个国家经济社会发展的基础性、战略性资源，已经并将继续重构人类社会的生产生活方式和社会治理结构，社会制度体系将出现深刻调整。四是科技革命与产业变革联系更加紧密，产业数字化、智能化和绿色化发展趋势已经形成，并加快重构现代产业体系。

（二）发展新质生产力是中国新竞争的全面构筑

放眼全球，世界正在经历剧变。一是经济全球化出现逆流。世界经济发展较为低迷，预计到 2035 年，全球经济平均增长速度为 3%。发达经济体的增长速度可能进一步放缓，整体增速大约为 2%，低于过去 50 多年的平均增长速度。国际贸易和投资萎缩，贸易保护主义兴起，一些发达国家采用加征关税、建立区域联盟、出口管制等手段，对新兴市场和国家实施打压和密集封堵，以维护其在国际生产体系中的主导地位。全球产业体系和产业链、供应链体系加速重构，呈现出多元化、区域化、绿色化、数字化加速发展态势。二是全球范围内围绕科技制高点的争夺战日趋激烈。数字经济成为大势所趋，技术、数据、知识、人力资本等新型生产要素作用凸显，土地等传统生产要素的地位相对下降，高新技术与相关产业已经成为国家之间竞争和博弈的焦点，国家之间围绕关键技术、数据和产业的竞争更加激烈。一些国家纷纷出台更加积极的科技和产业政策，大力发展新技术、新产业，力争在新一轮竞争中拔得头筹。加快聚集各方力量进行科技攻关和突破，持续强化国家战略科技力量，是中国保持科技自立自强、有效应对各种挑战的必由之路。三是国际力量对比发生重大变化，并呈现"东升西降""新升老降"的趋势。新一轮产业转移加快重塑世界经济版图，传统国际分工体系发生根本性变化，新兴市场和发展中国家力量群体性崛起，以中国等为代表的新兴市场经济体日益成为研发和高端制造领域的重要参与者。预计到 2035 年，新兴市场和发展中国家经济总规模将超过发达经济体，在全球经济和投资中的比重接近 60%。

（三）发展新质生产力是中国式现代化建设的基本要求

当前，中国已迈入全面建设中国式现代化的新征程，要走出一条顺应大趋势、适合中国国情的现代化道路，就要综合考虑中国社会发展的主要矛盾、发展目标、已有基础和资源禀赋等多种因素。当前中国的基本国情没有变，仍处于社会主义初级阶段，但社会主要矛盾已经发生深刻变化，体现为人民日益增长的美好生活需要和不平衡不充分的发展之间的矛盾。中国进入新发展阶段后，经济发展水平、人民收入水平和物质生活条件都显著提升，人民对美好生活需要体现在物质生活、精神生活、生态环境、文化体验等多个方面，因而对国家的经济发展、社会公共服务、环境质量、法治建设等提出了更高要求。

中国式现代化必须以高度发展的社会生产力和坚实的物质基础为支撑，加快形成新质生产力是当务之急。改革开放以来，中国社会生产力水平大幅提升，已经建成了门类齐全、独立完整的现代工业体系，高质量发展拥有了良好的基础。长期以来，以低成本劳动力、外部市场和资源为主要驱动的经济增长模式面临越来越大挑战，自主创新乏力导致一些关键领域出现"卡脖子"危机，叠加经济全球化出现逆流、全球产业链出现调整等复杂的国际环境，拓展经济发展新空间、培育壮大发展新动能、切实提升自主创新能力显得尤为迫切。因此，充分发挥数据作为关键要素的驱动作用，坚持数字产业化和产业数字化"双轮驱动"，聚力打造经济发展新引擎，是新发展阶段中国式现代化建设的重要任务。这就要推动数字技术在实体经济领域的深入和广泛应用，利用数字化、智能化、网络化技术对传统产业进行升级改造，全面提高经济发展效率和质量。

二、高水平对外开放促进新质生产力发展

自 1978 年之后，中国经济与社会的发展就与世界大环境紧密联系在了一起，而这也为中国经济又好又快发展，以及社会长期稳定发展打下了坚实基础。由此也可以证明，在经济与社会发展的过程中，高度的对外开放对于生产力发展起着至关重要的作用。然而，从中国当前经济与社会发展过程所积累的经验中，不难发现影响经济与社会高质量发展的因素广泛存在，这向新质生产力的形成与发展提出了诸多挑战。这也意味着新质生产力的形成与发展需要全人类共同参与，要充分考虑各要素在新质生产力形成与发展过程中的作用与影响，由此方可形成集中各优势要素的生产力创新性发展。高水平的对外开放就成为中国经济社会发展过程中，探索新质生产力形成与发展的必由之路。制度与体制的改革，以及机制的调整也将是中国新质生产力形成与发展的主要抓手。

在此期间，安全是新质生产力形成的重要前提，而新质生产力不断发展则是提高经济社会发展安全性的重要保障，所以在高度对外开放，促进中国新质生产力形成与发展的过程中，必须坚持"安全"和"发展"并进的思想。

特别是在当今时代背景之下，有关国家安全的影响因素更是层出不穷，这些影响因素普遍来自国外，进而也导致在高度对外开放过程中，中国政府必须做到充分且有效应对来自国外的各种风险和挑战，只有这样才能确保加快中国新质生产力的形成与发展步伐，并最终实现推动中国经济社会高质量发展的伟大目标。要做到全面维护国家安全的同时，实现最大限度降低高度对外开放的外部风险并非易事。对外开放的程度越高，就必须越重视安全性，并在"安全"和"发展"两个方面做好统筹工作。所以，中国政府在探索通过高度对外开放促进新质生产力发展的全过程中，需要高度重视开放与发展，以及开放与安全之间的具体关系，让发展与安全之间保持良性的互动，并且通过不断加大高度对外开放的力度来实现有效加快新质生产力发展步伐、提高国家安全程度，确保中国始终能在高度安全的状态之下，全身心投入新质生产力的探索过程。在全面加强高度对外开放的工作中，政府部门需要建立理想的开放竞争环境，这样不仅会实现在高度开放的氛围之中，增强自身科技创新的硬实力和对外部风险的防控能力，从而加快国内各区域开展全球性合作的进程，新质生产力的形成与发展也会从中获得更为充足的动力。

伴随国际经济发展大环境和国内经济社会发展要素的日益变化，不断加强制度型对外开放已经成为中国全面加快新质生产力发展步伐的一个重要选择。其间，制度型对外开放实质就是加快生产要素和商品在国家之间的自由流动，通过有效发挥国内资源配置的优势，有效突破新质生产力发展过程中制度层面的壁垒，让新质生产力的形成与发展拥有较为理想的制度支撑条件。就当今中国经济社会发展的现实情况而言，政府部门正在不断加大对商品贸易自由化，以及提升生产要素流动性的投入力度，并且在全面加快商品要素流动型开放方面，已经取得了举世瞩目的成果，不仅大力推动了全球经济与贸易的发展，国内新质生产力的形成与发展也初见成效。可是，当今时代全球经济贸易大环境并不十分明朗，正处于变革重构的关键时期，中国在当今时代想要继续扩大在全球经贸发展过程中所取得的成果，就需要对经贸规则、规制、管理、标准做出更为明确的要求。其中就包括针对不同领域和不同国家或地区的规则，制定出与之相对应和相协调的机制，由此提高中国经贸与国际经贸规则衔接的有效性。同时，充分发挥各类开放平台的先行示范和引领作用，打造出国际经济与贸易制度体系和监管模式，有效提升营商环境的市场化、法治化、国际化水平，这些重要举措都会对中国新质生产力的形成与发展起到重要推动作用。

从当前中国经济发展战略出发，形成国内与国际双循环发展格局是中国经济发展的顶层战略设计，该经济发展战略中的一项战略目标就是要进一步提高对外开放的整体水平，从而加快中国新质生产力形成与发展的步伐。其中，以国内大循环为主体的经济发展战略不是封闭国门独自发展经济，而是充分挖掘国内市场的需求，让国内市场和国际市场之间在需求方面能够形成良好的联通，从而保障两个市场的需求和两种资源能够得到充分利用，以求中国经济社会能够始终保持强劲的可持续发展势头。就当今全球经济发展的大环境而言，国际市场的发展形势已经在无形中发生了微妙的变化，中国要对国内市场需求进行深入挖掘，由此才能保证中国经济发展的韧性与活力。全面加强高度的对外开放则是要引领国际市场发展的走势，为中国经济的高质量发展拓宽道路，这两个市场和两种资源的有效利用会为中国新质生产力发展提供不竭动力。具体而言，中国政府在全面加快国内经济发展步伐的过程中，通过不断扩大国内市场需求来增强国内经济发展的动力和可持续性，在保持信息消费、服务消费、时尚消费需求量不变的同时，不断挖掘数字消费、绿色消费、健康消费等新的经济增长点，由此让国内市场的需求潜能得到不断激发，稳固国内经济可持续发展的根基。高度的对外开放通过生产要素、商品、服务等优势条件，不断促进中国与国际社会之间的资源流动，从而使这些资源成为中国经济发展的重要动能。这样的经贸合作大环境会对中国新质生产力的形成与发展起到催生作用和有力的推动作用。

国家经济高质量发展的重要标志就是稳步推动世界经济发展，使其由内向型逐渐转化为对外开放型，为国家新质生产力形成与发展提供有利的外部环境条件。纵观近几年国际经济发展的大环境，可以看出环境的复杂性远远超出人们的想象，特别是在战略性新兴产业，国家之间的竞争加剧，这也导致各国在科技创新发展过程中会遭遇"卡脖子"的情况，对国际经济和国际贸易发展大环境产生不良影响，也对中国新质生产力的形成与发展产生了诸多制约。在当今时代世界经济和国际贸易发展大环境之下，中国为了谋求国家经济与社会的高质量发展，率先意识到必须将强化对外经济贸易合作视为重要突破口，只有在"开放""包容""普惠""共享"的前提下带动世界经济繁荣发展，才能促使国家经济与社会实现又好又快发展目标，为新质生产力形成与发展提供理想的外部大环境。基于此，中国已经深刻意识到在当下与未来的经济发展全过程中，要始终坚持"高水平对外开放"，不断加深国际交流与合作，通过一系列措施，努力打破国际经济与贸易环境中存在的各种壁垒，与全球各个国家共同建立完整的价值链和供应链，确保国内市场和国际市场的资源要素需求得到充分满足，从而有效加快中国新质生产力的形成与发展步伐。其间，中国已经全面开启与各国宏观政策的协调工作，通过不断加强国家间的宏观政策沟通协调，实现国内与国际的双多边经贸合作交流，带动国内与国际经济实现高质量、宽领域、深层次发展，也对国际经济与社会的发展形成治理合力，为国内新质生产力的形成与发展打下坚实基础。

综合以上内容，可以得出结论，即开放会带来进步，封闭会导致发展的落后。当前世界经济与贸易发展的大环境并不稳定，这也导致各国在经济与社会发展过程中，需要面对层出不穷的困难和挑战，这样也造成各国在谋求经济与社会高质量发展的过程中，会遇到各不相同的制约因素。然而，一旦开启高度的对外开放新模式，各类资源要素和生产要素实现高度共享，上述问题自然会迎刃而解，新质生产力的形成与发展也会水到渠成。中国作为拥有五千多年文明史的泱泱大国，不仅自古就有虚心请教和博采众议的优良传统，责任与担当更是始终深深印刻在每一位中华儿女内心深处，这也充分说明了当代中国在探寻可持续发展道路的过程中，需要与其他国家一道共谋出路，也需要更多国家来到中国共同开启实践探索新征程。近年来，中国在经济与社会发展领域取得令世界瞩目的伟大成就，诸多国际合作对中国多个领域的长足发展起到了关键性推动作用，为中国特色社会主义建设打下了坚实基础。当下与未来，中国依然会坚持全面拓展对外开放的深度和广度，与全世界共享资源要素和生产要素，在全面探索新质生产力形成与发展的过程中，建立一个高度理想的外部大环境，与全世界联手开创出美好的未来。

第三章 营商环境赋能新质生产力发展的理论基础

第一节 生产力与生产关系理论

从经济与社会发展的必然条件出发，发展始终离不开生产力与生产关系的相互作用，生产力的发展必须有与之相适应的生产关系作为保障，当生产关系发展到一定程度，就会有更高水平的生产力出现。周而复始，经济与社会的发展水平也会逐渐提高。营商环境是生产关系的直接体现，而新质生产力的形成与发展在当今时代背景下已经成为必然，这就意味着必须有优质的营商环境作为基本前提条件。因此，对生产力与生产关系理论加以客观分析十分必要，具体思路如图 3-1 所示。

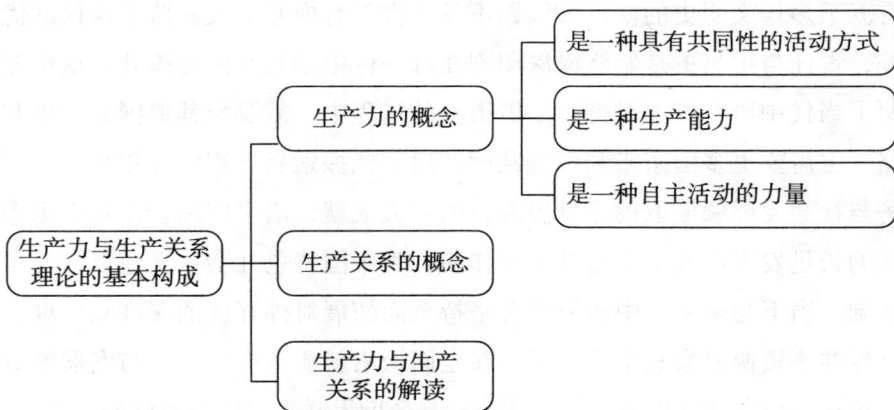

图 3-1 生产力与生产关系理论的基本构成

一、生产力的概念

在马克思的理论中，"生产力"的概念出现频率较高，但是其并没有做出明确的概念界定。这也导致了广大学者在对马克思诸多著作中关于"生产力"的概念界定时，出现了不同的见解。纵观马克思著作中关于"生产力"的论述，不难发现生产力的概念普遍出现在关于生产和生产资料的论述中，这也为广大学者有效理解马克思理论的"生产力"提供了重要依据。

（一）生产力是一种具有共同性的活动方式

马克思在《德意志意识形态》一书中，明确指出了生产力已经不再局限于政治经济学领域，具体表现就是一定的生存方式或一定的工业发展阶段，一定会始终与共同的活动方式或一定的社会阶段紧密联系在一起，这种共同的活动就是"生产力"。[①] 在这里，共同的活动既包括通过劳动来满足自己生活所需的生产，还包括人的生育等生产过程。在人类历史的开端，人们并没有意识到生产物质资料的重要性，而更加重视生命的生产过程，即生育和繁衍后代。这样的共同活动就表现出了自然性和社会性两种活动关系。由此可见，共同的活动是在劳动中产生的，其中家庭的产生也意味着最基本，也是最初级的社会关系就此形成。伴随社会需求的不断增加，劳动产品的逐渐丰富也让人与人之间的社会关系变得更加多样且复杂，家庭中也伴有从属关系出现，共同的活动由此日益频繁，并且会逐渐扩展至社会范畴，涉及各个领域的共同活动。

（二）生产力是一种生产能力

从新石器时代开始，直至19世纪，人类经历了石器磨制的纺轮、踏板织机、无梭织机、现代纺织工业四个重要历史时期。每个历史时期的发展都是以纺织工具的进步为重要标志的，同时印证了时代发展的进程，这恰恰是

---

① 中共中央马克思恩格斯列宁斯大林著作编译局.德意志意识形态：节选本 [M].北京：人民出版社，2003：24.

人类生产能力和社会逐渐进步的缩影。生产工具在无形中也成为技术层面的"能力"。马克思曾经说过:"它哪怕只中断一年,费尔巴哈就会看到,不仅在自然界将发生巨大的变化,而且整个人类世界以及他自己的直观能力,甚至他本身的存在也会很快就没有了。"① 这一观点充分说明了生产力的进步需要人们的感性活动作为支撑,并且这种活动参与的能力要持续继承下去。

(三)生产力是一种自主活动的力量

在马克思看来,"生产力"表现为一种不依赖个人,并且与人之间相互分离的东西,其本质是一种自主活动的力量。② 从人类历史的初级阶段出发,当时的生产资料十分有限,社会生产力普遍较低,生产方式以打猎、捕鱼、放牧、耕种农作物为主,劳动分工的方式也较为简单。伴随社会生产力的不断发展,在分工出现的同时,分配也随之产生,就此人类社会产生了"所有制",特殊利益与共同利益之间的矛盾也接踵而至,这也意味着私有制的发展就是个人对他人劳动的支配。劳动成为自主生产力的唯一力量,而生产工具、分工、所有制则成为控制人的外在力量。在此背景之下,个人必须占有现有生产力的总和③,这样才能确保自主活动并且维持自己的生存状态,因此自主活动也逐渐伴有对抗性,成为自身克服异化的关键力量。

二、生产关系的概念

马克思在《德意志意识形态》一书中,对"生产关系"的概念做出了最初的阐述:"以一定的方式进行生产活动的一定的个人,发生一定的社会关系

---

① 中共中央马克思恩格斯列宁斯大林著作编译局.德意志意识形态:节选本 [M].北京:人民出版社,2003:21.

② 广松涉.文献学语境中的《德意志意识形态》[M].彭曦,译.南京:南京大学出版社,2005:140.

③ 广松涉.文献学语境中的《德意志意识形态》[M].彭曦,译.南京:南京大学出版社,2005:142.

和政治关系。"① 结合当时的时代背景，马克思在对交往形式和市民社会的定义中，用到了生产关系的概念，并明确指出这种关系主要体现在人们从事生产劳动的过程中人与人之间的关系，以及在交往过程中人与人之间的关系，同时他还明确指出了这些关系和生产力之间存在相互制约的特性，可将其视为人类全部历史的真正发源地和舞台。② 通过这一论述广大学者不难发现，市民社会是维持社会和谐且稳定发展的根本力量，也是维持社会正常运转的本质力量。

通过解读马克思在《哲学中的贫困》中关于生产关系的论述，不难发现他以批判的视角，将蒲鲁东唯心主义观点进行了说明，启示人们在对生产关系认识的过程中，不能将交往方式、市民社会等概念与生产关系相混淆。他明确指出了所谓的"生产关系"，是指人们在现实生产过程中产生的一种社会关系和生活关系，前者与生产力之间存在较为密切的联系。③ 这一观点的出现，也标志着生产力和生产关系之间的矛盾思想变得更加显著。

马克思在《雇佣劳动与资本》一书中，还明确指出了社会生产关系与物质生产资料，以及生产力的发展和变化息息相关，后者的发展必然会加速前者的变化。④ 对马克思这一观点进行解读，可以得出生产关系的总和就是"社会关系"，而社会关系泛指"社会"，在不同的历史发展阶段中，社会也以不同的形态呈现在世人面前。

马克思在《〈政治经济学批判〉序言》中，还首次提出了对"生产关系"概念的具体规定，他认为："人们在自己生活的社会生产中发生一定的、必然的，不以他们的意志为转移的关系，即同他们的物质生产力的一定发展阶段

---

① 中共中央马克思恩格斯列宁斯大林著作编译局.德意志意识形态：节选本 [M].北京：人民出版社，2003：15-16.

② 广松涉.文献学语境中的《德意志意识形态》[M].彭曦，译.南京：南京大学出版社，2005：38.

③ 中共中央马克思恩格斯列宁斯大林著作编译局.马克思恩格斯文集：第一卷 [M].北京：人民出版社，2009：602.

④ 中共中央马克思恩格斯列宁斯大林著作编译局.马克思恩格斯文集：第一卷 [M].北京：人民出版社，2009：724.

相适合的生产关系。"① 马克思还将生产关系理解为"生产""分配""交换""消费"四个环节，在生产关系这个统一体的内部，不同要素会伴有相互作用②，这也标志着马克思对"生产关系"的概念形成了一套完整的理论。

从马克思关于生产关系概念的论述中，可以看出这一概念本身具有丰富思想和深刻内涵，不仅涵盖了人与物之间的关系，还包括了人与人之间必然会产生的各种关系。因此，这也意味着在生产过程中各个环节都不会处于孤立存在的状态，彼此之间会保持或多或少的相互联系，生产过程也会以一个有机整体的形式存在。

三、生产力与生产关系的解读

在唯物史观中，对于生产力和生产关系的论述是重要的组成部分。恩格斯（Engels）明确指出："根据唯物史观，历史过程中的决定性因素归根到底是现实生活的生产和再生产。"③ 结合这一观点，不难总结出马克思主义理论向来不是"经济决定论"，也不是"生产力决定论"。马克思和恩格斯所提出的理论始终存在生产力与生产关系、经济基础与上层建筑两个命题，这两个命题不仅仅是经济学层面的命题，也是哲学层面的命题。

在马克思唯物史观中，对于生产力与生产关系之间矛盾的论述是基础，前者对后者起到决定性作用，而后者对前者同样具有反作用力。通过对唯物史观的深层解读，不难总结出在社会发展的全过程中，当物质生产力发展至一定阶段之后，现存的生产关系（或财产关系）就会出现矛盾，由此就会导致这些生产关系伴随生产力的发展逐渐消失，这也意味着新的时代就此到来。从这一观点中可以看出生产力与生产关系之间的相互作用，势必会形成矛盾运动，后者对前者的发展起到了促进作用，当前者发展到一定程度时，

① 中共中央马克思恩格斯列宁斯大林著作编译局.马克思恩格斯选集：第二卷[M].2版.北京：人民出版社，1995：32-33.

② 中共中央马克思恩格斯列宁斯大林著作编译局.马克思恩格斯选集：第二卷[M].2版.北京：人民出版社，1995：17.

③ 中共中央马克思恩格斯列宁斯大林著作编译局.马克思恩格斯文集：第十卷[M].北京：人民出版社，2009：591.

现存的生产关系就很难满足生产力发展的切实需求，这样就会导致生产关系发生变化，直至达到二者平衡为止，这在时代发展的过程中周而复始。

生产关系和生产力的发展状况通常维持在相互适应的状态，这种状态并不是由人来决定的。马克思在《哲学的贫困》一书中还明确指出："手推磨产生的是封建主的社会，蒸汽磨产生的是工业资本家的社会。"[①] 这也充分说明生产力对生产关系的性质起到决定性作用，只有生产力的不断发展才能促使生产关系发生变革。纵观当今时代发展大环境，新技术、新材料、新工艺让生产过程的能耗实现有效降低，同时生产效率得到全面提升，这也说明一系列具有革命性的新质生产力正在替代传统生产力。马克思对生产力与生产关系的论述，要求新质生产力的发展必须有新质生产关系与之相匹配，营商环境恰恰是新质生产关系中的重要组成部分。

第二节　索洛残差与全要素生产率理论

在分析营商环境优化和新质生产力形成与发展的过程中，要从提升全要素生产率角度进行深入研究与探索。其间，索洛残差是分析全要素生产率的重要方法和工具。所以本书对索洛残差与全要素生产率理论做出系统性解读，如图 3-2 所示。

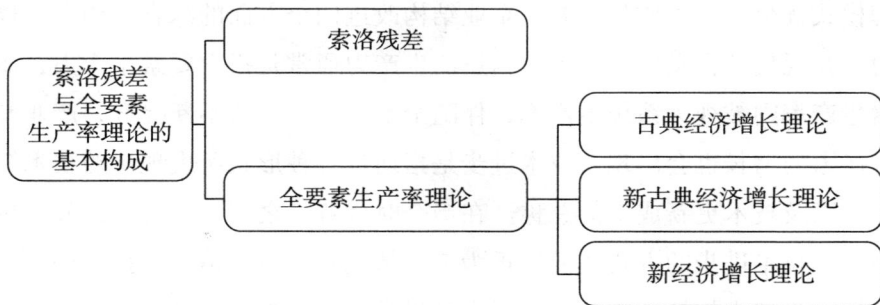

图 3-2　索洛残差与全要素生产率理论的基本构成

---

① 中共中央马克思恩格斯列宁斯大林著作编译局.马克思恩格斯文集：第一卷 [M]. 北京：人民出版社，2009：602.

一、索洛残差

索洛残差是数理统计学中，准确衡量观测值与估计值之间差异的一种方法，在经济学领域中，主要用于准确衡量实际经济指标与理论预测值之间的差距。其中，索洛残差法也被称为索洛余值法，该衡量方法是罗伯特·索洛（Robert Solow）于1957年提出的，实际操作的思想则是在计算出总量生产函数的基础上，通过计算产出增长率与各投入要素增长率的差，进而得出残差，这一最终结果是对全要素生产率增长情况的有效说明。就当前而言，技术进步贡献率的测算方法在经济学领域研究中应用较为广泛，因为该算法具备操作简单且实用性较强的优势。[①]

其中，生产函数指的就是在特定的技术条件之下，个体投入和产出之间所形成的函数关系，其作用主要体现在进行经济问题计算的过程中，不仅能够客观呈现出投入与产出之间存在的具体联系，还能体现出技术层面所受到的约束力。残差指的就是在统计学领域中，为了让实际观察值和估计值之间的差距更加直观所采用的一种数学算法。所以在残差的含义中包含了模型所有的基本假设信息，只要做到确保回归模型具有高度的准确性，那么就可以将残差视为误差的观测值。全要素生产率则是将生产单位作为一个系统，将所有的生产要素的综合生产率进行计算，这种计算方法与要素生产率的计算方法存在明显不同。而在现实的生产过程中，生产力主要体现在技术升级、管理模式优化、产品质量提升、企业结构改进四个方面的综合作用上。也就是说，在现代社会发展过程中，真正的生产力通常是指全要素生产力，而全要素生产率则被视为系统生产率，伴随全要素生产率的不断提升，产业升级和生产力的增长也会出现。技术进步是指通过各种形式所表现出的技术知识积累，以及技术更新成果的总称。在当今时代背景之下，经济的开放性越来越明显，技术进步的方式主要表现为三种情况：第一种情况为技术创新，第二种情况为技术扩散，第三种情况也是最常见、最直接、最简单的方式，即技术转移（技术引进）。当代中国整体正处于工业化进程不断加快的状态之

---

① 廖先玲，姜秀娟，赵峰，等.基于"索洛余值"改进模型的山东省技术进步贡献率测算研究[J].科技进步与对策，2010，27（11）：69-71.

下，这种发展状态可认定为技术水平的赶超。

二、全要素生产率理论

从经济学领域的研究视角出发，广大学者普遍认为全要素生产率是经济增长的动力源泉。然而，此类研究观点通常忽略了环境污染给经济发展所带来的成本增加，也降低了经济发展的真实性。随着时间的推移，广大学者在考虑环境因素之后，测算得出的绿色全要素生产率则反映出了一个客观事实，即绿色全要素生产率可能成为提高经济发展质量的中坚力量。[1][2] 因此，在进行"数字经济对绿色全要素生产率的影响"相关研究过程中，必须对经济增长理论的相关研究进行系统归纳，进而为全要素生产率理论的深入剖析打下坚实的基础。在经济学领域，经济增长理论的研究往往能够为有效解决经济问题提供理想框架，并且能够有效反映出经济发展现象背后的具体规律，这恰恰为有效修正和解决已经出现或即将出现的经济问题指明了方向，从而找出不同国家和不同地区经济体之间经济水平存在的差异。[3] 这能够赋予现实经济增长更多的原动力。在通常情况之下，经济增长理论的发展与演变过程大致可分为三个阶段，即古典经济增长理论阶段、新古典经济增长理论阶段、新经济增长理论阶段。以下就针对这三个发展与演变阶段进行具体论述。

（一）古典经济增长理论

该理论作为经济增长理论发展的初级阶段，是以合理批判重商主义思想为基础，并对物质产品生产领域进行全面考察，最终得出有效促进国家经济

---

[1]　黄群慧，余泳泽，张松林. 互联网发展与制造业生产率提升：内在机制与中国经验[J]. 中国工业经济，2019（8）：5−23.

[2]　TIMBEAU X, FEIGL G, NIELSEN J,et al. The imperative of sustainability : economic, social, environmental − Abstract[J].Working Paper Reihe der AK Wien − Materialien zu Wirtschaft und Gesellschaft，2019（5）：4.

[3]　严成樑. 现代经济增长理论的发展脉络与未来展望：兼从中国经济增长看现代经济增长理论的缺陷 [J]. 经济研究，2020，55（7）：191−208.

与社会，或者经济体增长的动力源泉。该理论的主要代表人物包括亚当·斯密（Adam Smith）、大卫·李嘉图（David Ricardo）、托马斯·马尔萨斯（Thomas Malthus）、约翰·穆勒（John Mill）等知名经济学专家与学者。其中，亚当·斯密作为该理论的开创者，对如何有效提高国民财富水平，以及影响国民财富的生产因素进行了深入研究。与此同时，其还对经济可持续增长的途径和运行机制进行了深层次论述[①]，对国家和经济体的可持续发展有着重大意义。

大卫·李嘉图的研究视角立足财富的有效增长，探索开拓性的财富分配问题，其中包括工资、利润、土地租赁等多个因素[②]，并对经济增长的动态变化情况做出系统性分析，从而确保在经济持续发展的同时兼顾社会公平。由于在此之前广大经济学领域的知名专家和学者普遍从国际整体财富角度出发，对国际或经济体增长因素进行深入研究和探索，而对微观主体在经济增长方面的创造力并没有提起高度重视，所以托马斯·马尔萨斯就以亚当·斯密和大卫·李嘉图的理论观点为基础，对人口因素在国家和经济体增长中的影响进行了深入探索[③]，约翰·穆勒更是从资源与经济之间的关系入手[④]，对国际和经济体增长的要素进行了全面分析。具体而言，就是要将影响国家和经济体增长的主要因素与经济市场边际效益递减规律联系起来，最终得出经济增长所保持的具体状态，进而促使古典经济增长理论进入崭新的发展阶段。从以上论述中可以看出，古典经济增长理论主要通过演绎和经验主义的分析方法，对影响国际和经济体增长的因素进行研究与分析，这两种研究思路和方法更加趋向于定性分析，缺乏理论层面的逻辑推导和实证探究过程，因此该理论中的研究观点具备一定的片面性。但是，该理论中所提出的经济

---

① 斯密.国富论：国家财富的性质和起因的研究 [M].谢祖钧，孟晋，盛之，译.长沙：中南大学出版社，2003：14-15.

② 斯拉法.大卫·李嘉图全集：第 8 卷 通信集 1819 年—1821 年 6 月 [M].寿进文，译.北京：商务印书馆，2013：1.

③ 陈文杰.对马尔萨斯人口理论的辩证思考 [J].天津党校学刊，1998（3）：42-44.

④ 穆勒.政治经济学原理及其在社会学上的若干应用：上卷 [M].赵荣潜，桑炳彦，朱泱，等译.北京：商务印书馆，2009：24-27.

增长分析框架，对政府部门和学术界进行经济增长理论的深层次研究提供了借鉴，对内生增长理论的提出和发展具有重要的引导意义。①

（二）新古典经济增长理论

随着工业革命的逐渐深入，越来越多的西方国家加入工业革命之中，社会财富分配的不均衡也随之日益凸显，运用相关经济理论和分配理论解决这一问题也成为当时广大经济学专家和学者关注的焦点，其中就包括资源配置和产品交换两个重要研究领域。自 1939 年之后，第三次科技革命为全世界的经济带来了巨大影响，当时经济学领域的专家和学者更对经济增长方面的研究提起了高度重视。其中，哈罗德（Harrod）和多马（Domar）所提出的经济增长模型更是对凯恩斯（Keynes）短期宏观经济增长分析的长期化研究产生了重要影响。② 二人所提出的研究观点更是强调了利用数理工具构建模型不仅有利于对经济增长进行深入研究，还有利于让经济增长研究从静态化转向动态化，这为经济增长理论研究提供了新的科学范式。但哈罗德 – 多马经济模型明确要求了资本要素和劳动要素的假设具有不可替代性，这也就意味着该模型对现实经济增长问题的解释并不能做到高度客观。

美国经济学家索洛和澳大利亚经济学家斯旺（Swan）将哈罗德 – 多马经济增长模型中的一些基本假设条件进行了改变。③ 他们使得这些基本假设不再严格指向某一具体方面，强调只要技术水平不变，生产函数中劳动和资本两种生产要素、储蓄率外生、劳动供给外生保持固定速度增长即可，进而新古典经济增长模型基本框架也就此出现。对该模型进行分析，不难发现其主要是以动态一般均衡的方法，将分散经济能够实现动态帕累托最优予以解释。在此基础上，通过"看不见的手"逐渐将经济引向最优增长路径，确保

---

①　严成樑.现代经济增长理论的发展脉络与未来展望：兼从中国经济增长看现代经济增长理论的缺陷 [J].经济研究，2020，55（7）：191-208.

②　季建林.哈罗德 – 多马模型与我国国有企业资本运营 [J].广州市财贸管理干部学院学报，1998（1）：30-35.

③　郭庆旺.罗伯特·索洛的长期经济增长模型述评 [J].世界经济研究，1988（3）：74-78.

增长过程保持稳态移动。尽管这一模型在计算国家和经济体经济增长过程中还存在一定的不足，但是在推动经济学领域的研究与发展方面有着重要的理论指导意义，不仅为后续相关理论模型的相继出现打下坚实的基础，还为现代经济增长理论研究工作的全面开展夯实了基础。拉姆齐（Ramsey）在进行经济增长模型的研究过程中，就提出了将储蓄内生化的观点，进而推动拉姆齐－卡斯－库普曼斯模型的提出[①]，让运用动态最优方法成为可能。然而，索洛模型和拉姆齐经济增长模型都高度强调经济的可持续增长率主要依靠技术进步等外生变量，并不能充分解释究竟是哪些经济因素对技术进步动态变化起到决定性的作用。

（三）新经济增长理论

该理论是基于新古典经济增长理论逐渐发展而来的，其对经济增长理论研究的问题进行不断拓展，进而推动经济增长理论步入第三个发展阶段。在经济学领域中，人们通常将新经济增长理论称为内生经济增长理论，其代表人物主要包括美国经济学家保罗·罗默（Paul Romer）、罗伯特·卢卡斯（Robert Lucas）等人。在新经济增长理论中，核心思想明确体现出与索洛模型对经济增长率进行事先假设不同，其理论模型更加侧重于对影响经济增长率的驱动因素的科学解释，而这也恰恰是新经济增长理论与新古典经济增长理论之间存在的本质不同。具体而言，在新经济增长理论中，内生经济增长模型通过把知识纳入广义资本之中，并将人口增长率、技术进步等重要因素视为内生变量，最终得出模型内容因素对经济长期增长所产生的具体影响。

从经典理论的角度出发，保罗·罗默和罗伯特·卢卡斯所提出的内生增长模型让人们对经济增长问题有了深层认知，具体表现就是能够以新古典经济增长模型为基础，让增长率体现出内生化的特征。不仅如此，新经济增长理论还强调了知识的收益递增效应，以及经济个体行为追逐利润而不断创新在经济增长中的重要性。更重要的是，在新经济增长理论中，罗伯特·卢卡斯汲取了保罗·罗默关于技术进步的内生增长理论观点，提出了人力资本积

---

① 李海明. 拉姆齐模型中的动态最优方法 [J]. 财经科学，2003（增刊 1）：112–114.

累收益具有边际收益递增的外部特性，这样就使得人力资本对于经济增长技能产生影响，同时为其带来激励作用，进而拓展了经济学领域的研究范畴，即人力资本因素纳入均衡模型的研究。[①] 随着经济学领域研究的深度和广度的不断增加，菲利普·阿吉翁（Philippe Aghion）、彼得·豪伊特（Peter Howitt）、埃尔赫南·赫尔普曼（Elhanan Helpman）等人纷纷对经济增长的各个方面进行深入研究与探索，并且将探究的观点进行广泛分享与借鉴，进而加快了新经济理论研究的发展进程。其中，关于生产与消费之间存在的环境污染问题逐渐引起高度重视，越来越多的专家和学者开始从事关于内生经济增长理论与环境经济学交叉融合方面的研究，如绿色全要素生产率的有效提升，以及赋能绿色可持续发展等，并取得了一系列研究成果，如史代敏[②]、何一农[③]、黄茂兴[④]、彭水军[⑤]、李仕兵[⑥] 等。

随着时代发展步伐的不断加快，互联网技术、大数据技术、人工智能技术、区块链技术逐渐走向成熟，并且在各领域中得到广泛应用，这催生出新的业态和新的模式，同时会给经济增长和全要素生产率的认知带来深远影响。[⑦] 特别是在数字时代，经济学领域专家和学者普遍将大数据赋能绿色生

---

① 卢卡斯.为何资本不从富国流向穷国 [M].罗汉，应洪基，译.2 版.南京：江苏人民出版社，2005：47-49.

② 史代敏，施晓燕.绿色金融与经济高质量发展：机理、特征与实证研究 [J].统计研究，2022，39（1）：31-48.

③ 何一农，胡适耕.环境污染、内生人口增长与经济增长模型 [J].华中科技大学学报（自然科学版），2004（9）：114-116.

④ 黄茂兴，林寿富.污染损害、环境管理与经济可持续增长：基于五部门内生经济增长模型的分析 [J].经济研究，2013，48（12）：30-41.

⑤ 彭水军，包群.环境污染、内生增长与经济可持续发展 [J].数量经济技术经济研究，2006（9）：114-126，140.

⑥ 李仕兵，赵定涛.环境污染约束条件下经济可持续发展内生增长模型 [J].预测，2008（1）：72-76.

⑦ JONES C I，TONETTI C.Nonrivalry and the economics of data[J].American Economic Review，2020，110（9）：2819-2858.

产与绿色生活的发展模式作为主要的研究视角[1][2]，还有一些学者提出了数字经济赋能绿色全要素生产的研究观点[3][4]。新兴要素不断涌现，如何将其纳入内生经济增长的框架之中，并探索出对经济增长产生的影响效应成为学术界未来研究方向。

第三节　信息不对称与竞争优势理论

一、信息不对称理论

信息经济学成为经济学领域的重要学科，信息不对称理论成为该学科研究的主要方向，在学术界受到学者的广泛关注。从起源的角度分析，在古典经济学领域之中就已经出现了信息不对称思想，只是该领域更加强调信息的高度对称，进而对信息的不对称性和不充分性未进行深层论述。信息不对称理论就在古典经济学相关研究的基础上逐渐发展而来。例如，在古典经济学领域中，亚当·斯密对于供给和需求的平衡就用"看不见的手"[5]进行了解释，通过隐性调节作用来达到资源有效配置的目的。但将其转化为现实的重要条件就是信息必须充分且对称，即消费者和生产者之间都能拥有正确做出各种决策所必须具备的所有信息。

可是，在现实的经济发展领域中，无论是行业还是企业，在经营过程中

① 关会娟，许宪春，张美慧，等.中国数字经济产业统计分类问题研究 [J].统计研究，2020，37（12）：3-16.

② 黄大禹，谢获宝，孟祥瑜，等.数字化转型与企业价值：基于文本分析方法的经验证据 [J].经济学家，2021（12）：41-51.

③ 朱喜安，马樱格.数字经济对绿色全要素生产率变动的影响研究 [J].经济问题，2022（11）：1-11.

④ 张帆，施震凯，武戈.数字经济与环境规制对绿色全要素生产率的影响 [J].南京社会科学，2022（6）：12-20，29.

⑤ 张宇倬.亚当·斯密"看不见的手"的深层反思与现实意义 [J].财富时代，2021（3）：212-213.

并不具备这一基本前提条件，也就是说决策者在做出各项决策之前，往往掌握的信息并不充分，也并不对称。由于这一前提条件是古典经济学研究的基础，因此直到古典经济学领域研究逐渐趋于成熟之后，上述假设条件才逐渐得到广大学者的重视，并且开展了关于信息不对称的理论研究。英国经济学家哈耶克（Hayek）指出了市场中所存在的信息往往具有高度的分散性，并且信息本身的充分性和对称性并不能得到保证。[①] 在此之后，美国经济学家威廉·鲍莫尔（William Baumol）在《新产业组织理论》中，将信息划分为完全信息和不完全信息，同时通过具体的分析过程对二者存在的区别，以及对社会福利的影响进行了说明。另外，美国经济学家赫伯特·西蒙（Herbert Simon）则是将造成信息不完全的原因归为市场参与者决策过程过于简单，仅局限在信息的收集、评价、选择三个阶段。[②]

1970 年，美国经济学教授阿克洛夫（Akerlof）在《次品市场：质量的不确定性与市场机制》一文中，明确指出在市场交易活动中，买方和卖方之间所掌握的信息往往并不对等，通常卖方所掌握的产品质量信息相对较多，这样市场效率就会在无形中受到影响，甚至会伴有市场彻底失灵的风险。对此，学术界广泛开启了关于信息不对称对社会经济发展影响的研究工作，现已有多位经济学家在该领域提出了具有代表性的研究成果，如肯尼斯·阿罗（Kenneth Arrow）、赫什雷弗（Hirshleifer）、迈克尔·斯彭斯（Michael Spence）、吉恩·格罗斯曼（Gene Grossman）、约瑟夫·斯蒂格利茨（Joseph Stiglitz）等，研究视角主要集中在劳动市场、保险市场、金融市场的信息不对称方面。这些研究成果对"逆向选择理论""市场信号理论""委托－代理理论"的产生发挥了至关重要的推动作用，更为信息不对称经济学的快速发展奠定了坚实理论基础。

从不同角度对不对称信息的类型进行划分，其主要包括时间型不对称信息和内容型不对称信息。前者的信息不对称性既可以发生在交易活动之前，也可以发生在交易活动之后，也就是经济领域常说的事前不对称信息与事后

---

① 陈曦.哈耶克经济理论述评 [D].长春：吉林大学，2012.

② 颜茵.西蒙的决策情报信息论及实践启示 [J].情报杂志，2014，33（10）：66-71.

不对称信息。事前不对称信息通常被称为逆向选择模型，事后不对称信息则通常被称为道德风险模型。后者则是分为不可观测信息和可观测信息，不可观测的信息可以用隐藏信息模型，或者隐藏知识模型来解释，用隐藏信息模型解释的信息不对称通常是指在所有参与人中，任何一方的行为对于其他参与方而言，都具有一定的不确定性。而隐藏知识模型所解释的信息不对称通常是指在参与人中，任何一方所具备的知识条件对于其他参与人都有着不可知性。对此，在经济学领域中，学者普遍将不对称信息条件下掌握信息优势的决策者定义为"代理人"，而不具备信息优势的决策者定义为"委托人"，这样在该领域中所有的信息不对称模型都能用"委托－代理"模型进行分析。下面就针对四种不同情形下的信息不对称模型做出具体解释。

（一）逆向选择模型

在该模型中，通常代理人能够明确自身所属的类型，但委托人则不知道自身是否掌握信息优势，后者所掌握的信息固然不够完全，所以委托人会主动与代理人签订合同。例如，在进行商品买卖的过程中，卖家往往扮演着代理人的角色，而买家则是扮演委托人的角色，由于后者对于商品的信息掌握较少，所以会主动与前者签订购买协议。

（二）信号传递模型

该模型属于"自然选择"代理人的信息不对称类型，其中代理人往往知晓自己在信息不对称条件下所属类型，而委托人则不知晓。在交易过程中，代理人为了达到让委托人知晓自身所属类型这一目的，通常会向委托人释放出某种信号，后者在观察到信号之后会主动与前者签订合同。例如，在雇主与雇员之间的关系中，在通常情况下，任何人都不会比后者更加了解自己的能力，但前者并不知晓后者所具备的能力。因此，后者为了充分证明自己的能力，通常会向前者释放接受教育水平的信号，以供前者根据其教育水平来确定具体的薪资待遇。

（三）信息甄别模型

该模型也属于"自然选择"代理人的信息不对称类型，同样是代理人知晓自己在信息不对称条件下所具备的优势，而委托人并不知晓。委托人通过向代理人提供多个合同的方式，让其从中选择自己能接受且适合自己的合同。这类信息不对称模型的具体应用在经济领域也较为常见，最具代表性的案例就是保险公司与投保方所签订的保险合同。投保人知道自己在生产生活中所要面临的风险，但保险公司并不了解，这样保险公司就需要对不同的潜在投保人设计出多个保险合同，以供投保人根据自身的需要进行选择。

（四）隐藏行动的道德风险模型

在该模型中，交易的参与方在交易的过程之中信息往往处于对称状态，但是在交易发生之后，代理人所选择的行动（如员工的工作状态）往往不可预测，这样就导致信息不对称的状态出现，也就是说代理人在交易后所采取的行动和交易后所处的自然状态，一起决定了未来的结果。但是在交易过程之中，通常不能直接观测到代理人所要采取的行动，以及交易后会出现的自然状态。

二、竞争优势理论

（一）马克思的竞争理论

在马克思看来，资本与资本之间的竞争实质就是资本主义生产方式之一，只是这种生产方式具有一定的特殊性，不仅对于资本主义生产力的进步能够起到积极推动作用，还会加剧资本主义内部的矛盾。关于竞争理论的研究，马克思则认为，在资本主义的生产方式中，竞争通常体现为一种具有强制性的外在规律，资本家需要被迫将剩余价值用于对技术变革，以及产业创新的投资之中，从而有效提高某一部分劳动生产效率，并随之获得更多的剩余价值，久而久之全社会的劳动生产效率也会逐渐得到提升。[①] 从客观的角度分析，虽然这种竞争以促进资本有机构成的不断提高为手段，使得一般利润率趋向逐渐下降，最终会导致资本主义矛盾逐渐走向恶化，但是在促进技术创新、资本积累、资本主义生产力方面的提升作用则不容忽视。

（二）波特的竞争优势理论

自 20 世纪 70 年代起，美国传统意义上的支柱产业，以及现代意义上的新兴产业逐渐受到西欧国家影响，在此时代背景之下，美国教授迈克尔·波特（Michael Porter）历经近二十年的潜心研究，最终将"竞争三部曲"创作完成，并最终形成了被经济领域广泛熟知的竞争优势理论。该理论核心观点是一个国家的竞争优势通常体现在生产力水平明显高于其他国家，而一个国家经济能否实现长期增长，主要取决于在国际市场中是否具有竞争优势。[②] 也就是说，一个国家的本国主导产业能否在激烈的国际市场竞争中具备明显优势，将直接影响相关行业在市场中的地位，相关企业的价值链也会随之出现波动。

纵观以上两种竞争理论的核心论点不难发现，虽然观点出自不同的时代背景之下，并且分属于不同的理论派别，但观点本身所反映的思想存在一定的共通性。前者的理论观点将竞争视为一种较为特殊的生产方式，用来提高劳动生产率和促进社会生产力的进步，具体表现就是某一国家或者某一产业为了实现利润最大化，会通过增强竞争的方式来加快资本积累的速度，进而技术创新和生产率提升也会转变为现实，这在无形中就会变为一个国家或一个产业在国家竞争，或者产业竞争过程中的优势，这恰恰是波特竞争优势理论研究中关于"竞争所带来的优势"最终结果。由此可见，这两种理论对于社会经济发展具有一定的理论互补作用。

随着全球贸易发展步伐的不断加快，产业结构体系也正在这样的经济

---

① 孟捷，龚剑，向悦文.马克思主义竞争理论的发展研究 [J].经济学家，2012（10）：
5-12.

② 胡列曲.波特的竞争优势理论述评 [J].经济问题探索，2004（12）：21-23，137.

发展大环境下重新构建，生产过程也随之迈向"碎片化"时代，进而形成了当下世人所看到的竞争形态，产业链和价值链也由此变得更加多样化和复杂化。所以，马克思的竞争理论就对当下乃至未来经济领域中所存在的竞争形式做出了预判，阐明了产业链和价值链会成为经济全球化背景下，国家竞争和产业竞争的主要形态。不同产业链之间会存在明显的竞争关系，相同产业链中的企业或个人既会存在竞争关系，还会存在一定的合作关系，而在彼此的竞争过程中，主要以抢占对产业链的主导权为目的，这样的理论观点为中国新质生产力的形成奠定了坚实理论基础。

第四节　制度经济学理论

在现代经济学研究领域，制度经济学占据重要位置，其原因在于一切经济活动的开展都要在制度框架内进行，由此才能确保经济活动的规范性。本研究正处于经济学范畴之内，所以在论述营商环境赋能新质生产力发展的全过程中，必须结合该理论所明确的主要论点进行阐述，由此方可确保本研究成果具备坚实的理论基础。笔者认为针对制度经济学理论的分析，应从三个方面入手，如图3-3所示。

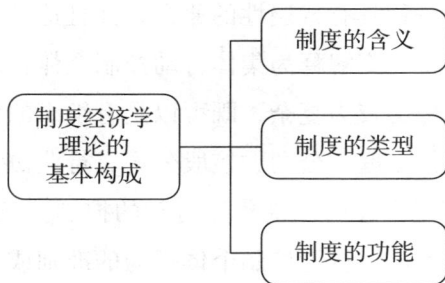

图3-3　制度经济学理论的基本构成

一、制度的含义

在制度经济学领域中，制度始终是研究对象，因为制度在经济绩效中的影响作用较为突出，能够对资源起到有效的配置作用，故而在制度经济学理论中，制度始终是研究的焦点。在社会经济发展和经济增长的过程中，人力资本发挥着决定性作用，同时自然资源、资本技术、信息等因素的作用同样不容忽视，但这些因素的作用发挥必须都要以良好的制度环境为前提。也就是说，制度对社会经济发展和经济增长有着至关重要的意义，对经济效率和社会进步也有重要的影响。

在旧经济制度领域研究中，美国经济学家凡勃伦（Veblen）在 19 世纪末就对"制度"一词做出了明确定义："制度实质上就是个人或社会对有关某些关系或某些作用的一般思想习惯，而生活方式所由构成的是，在某一时期或社会发展的某一阶段通行的制度的综合，因此从心理学方面来说，可以概括地把它说成是一种流行的精神态度或一种流行的生活理论。"① 在这里，"一般思想习惯"和"流行的精神态度"都是新经济学领域关于"非正式约束形式"下的制度研究成果，而对于"规范个人行为的规则"相关论述较为模糊。美国经济学教师康芒斯（Rogers）则在上述研究观点的基础上，对"规范个人行为的规则"做出了明确论述，他在《制度经济学》一书中认为："如果人们在现实生活中要找出一种具有普遍性的原则，并且这种原则要与制度保持高度适应，那么就可以将制度解释为集体行动控制个体行动。而集体行动所涉及的范围较广，并且种类较为复杂，既可以是有组织的机构运行过程，也可以是无组织的习俗，如家庭、公司、控股公司、行业协会、工会等，其行为活动或多或少都会遵循个体行动受集体行动的控制。"通过这一观点不难发现，康芒斯将制度视为集体行为控制个体行为的准则或规则，这个规则所涉及的范畴同样具有广泛性和系统性特征。美国经济学家科斯（Coase）、阿尔钦（Alchian）等人高度认同康芒斯关于"规范个人行为的规则"的理论研究成果，并且认为在这些规则中，不乏自由市场资本主义（或政府）的资源分

① 凡勃伦.有闲阶级论：关于制度的经济研究 [M].蔡受百，译.北京：商务印书馆，1964：139-140.

配原则和收入分配原则。^①从康芒斯等人研究观点中，不难发现他们对于"制度"的定义，在本质上有着高度的一致性。

美国经济学家道格拉斯·诺斯（Douglass North）则从新经济学的角度，对"制度"进行了客观定义，他认为："制度是一系列被制定出来的规则、守法秩序和行为道德、伦理规范，它旨在约束主体福利或效应最大化利益的行为。"^②他还认为："制度是一个社会的游戏规则，更规范地说，它们是为决定人们的相互关系而人为设定的一些制约。"^③从这些论述中，可以看出虽然诺斯对于"制度"做出了很多的解释，但其表述的方式存在一定不同而已，实质上存在很高的相似性，这充分说明制度是一种规范个人行为的规则或准则。德国经济学领域学者柯武刚（Wolfgang Kasper）和史漫飞（Manfred Streit）在对"制度"的定义中，也提出了与上述观点相近的定义，他们认为："制度是人类相互交往的规则。它抑制着可能出现的、机会主义和乖僻的个人行为，使人们的行为更加可预见并由此促进着劳动分工和财富创造。制度，要有效能，总是隐含着某种对违规的惩罚。"^④日本经济学领域专家青木昌彦则从博弈论的角度，对"制度"进行了定义："制度是关于博弈如何进行的共有信念的一个自我维系系统。制度的本质是对均衡博弈路径显著和固定特征的一种浓缩性表征，该表征被相关领域几乎所有参与人所感知，认为是与他们策略相关的。这样，制度就以一种自我实施的方式制约着参与人的策略互动，并反过来又被他们在连续变化的环境下的实际决策不断再生产出来。"^⑤

① 科斯，阿尔钦，诺斯.财产权利与制度变迁：产权学派与新制度学派译文集[M].上海：上海三联书店，1994：253.

② 诺斯.经济史中的结构与变迁[M].陈郁，罗华平，译.上海：上海三联书店，1994：226.

③ 诺斯.制度、制度变迁与经济绩效[M].刘守英，译.上海：上海三联书店，1994：3.

④ 柯武刚，史漫飞.制度经济学：社会秩序与公共政策[M].韩朝华，译.北京：商务印书馆，2000：116.

⑤ 青木昌彦.比较制度分析[M].周黎安，译.上海：上海远东出版社，2001：253.

二、制度的类型

早在 1968 年，美国经济学家舒尔茨就将制度的类型进行了简单的划分，主要包括四种类型：第一种类型为用于降低交易费用的制度，其中包括货币制度、期货市场制度等；第二种类型为用于影响生产要素所有者之间配置风险的制度，主要包括企业制度、分成制度、合作社制度、公司制度、保险制度等；第三种类型为用于提供职能组织或个人收入流之间联系的制度，主要包括财产制度、资历和劳动者权利制度等；第四种类型为用于公共产品或服务的生产预分配的框架制度，主要包括高速公路、机场、学校、农田的使用制度等。①

德国经济学领域学者柯武刚和史漫飞从制度的起源角度，对制度的类型进行了具体分类。他们认为，制度应分为内在制度和外在制度两大类，内在制度就是群体内部能够随经验的积累而逐渐进行演化的规则，而外在制度则是通过外在设计，依靠政治行动强制执行的社会规则。②

根据制度对人的约束方式不同，可以得出制度对人的约束往往存在正式和非正式两套标准。美国经济学家诺斯就以此为基础，将制度本身划分为正式约束和非正式约束两种类型。③ 具体而言，制度就是由非正式约束（如道德约束、习惯、传统、行为准则等）和正式的法规（如宪法、法令、产权等）构成。④ 这种类别划分方法可以确保类别所包含的范畴不会存在重叠之处，因此可以被认定为较合理的制度类别划分方法。

英国经济学家卢瑟福（Rutherford）在《经济学中的制度》一书中，明确指出制度应根据社会意义进行具体分类，这不仅是分类的视角，更是分类的标准。在这一标准之下，制度可以划分为不具有广泛社会意义的个人规

---

① 科斯，阿尔钦，诺斯.财产权利与制度变迁：产权学派与新制度学派译文集 [M].上海：上海三联书店，1994：253.

② 柯武刚，史漫飞.制度经济学：社会秩序与公共政策 [M].北京：商务印书馆，2000：119.

③ 诺斯.制度、制度变迁与经济绩效 [M].刘守英，译.上海：上海三联书店，1994：18-20.

④ 诺斯，托马斯.西方世界的兴起 [M].2 版.北京：华夏出版社，1999：7.

则，以及具有广泛社会意义的社会规则两大类。这种分类方式对制度分析而言更加细致。具体分类方式如表 3-1 所示。

表 3-1　卢瑟福的制度分类表

制度分类			
个人规则		社会规则	
习惯和常规（依靠便利和惯性维持）	道德规则（依靠个人良知维持）	社会规范（主要依靠来自社会的认可与不认可维持，一旦违反规则就会受到社会批评和社会排斥。在被内部化后，无须进行内部约束，规则的维系则主要在于个人自我价值意识，违反了规则会使个人产生严重的负罪感，或内心极度不安）	法律规范（主要依靠警察力量和司法系统的强力实施来维持）	惯例（主要依靠自我实施）

三、制度的功能

1973 年，美国经济学家诺斯在《西方世界的兴起》一书中，对制度的基本功能进行了明确论述，指出了制度最基本的功能就是对个体和社会的激励。也就是说，在个体与社会发展的过程中，所有能够促使私人收益率无限接近社会收益率的制度安排，都能促使个体对社会需要的满足，而这一过程就是制度本身所具有的激励功能。在此基础上，诺斯还明确指出了个人在社会发展过程中，必须受到某种刺激才能主动从事符合社会需要的活动，所以应设计出某种具有激励作用的机制，由此才能使私人收益率接近社会收益率。在此后出版的《经济史中的结构与变迁》一书中，诺斯对制度的新功能进行了阐述，明确指出了有效抑制人的机会主义行为，这对制度的功能进行了有效完善。后来，诺斯又对制度的功能予以了进一步深化，即减少不确定性。[①] 具体表现就是制度在社会发展中，通过建立人们相互作用且较为稳定的结构，实现减少个人与社会发展的不确定性。

1968 年，美国经济学家科斯、阿尔钦等人对于制度的功能也做出了明确阐述，他们认为制度的功能主要体现在五个方面：一是提供便利的功能，二

---

① 　诺斯.制度、制度变迁与经济绩效 [M].刘守英，译.上海：上海三联书店，1994：7.

是降低交易费用的功能，三是提供信息的功能，四是共担风险的功能，五是提供公共产品或服务的功能。[①] 针对这五个功能的具体解释则是制度作为某些服务的供给者为社会提供便利，这种便利是货币的基本特性，便利的供给者可以通过能够降低交易费用的合约（如租赁合约、抵押贷款合约、期货合约等），也可以通过提供信息的方式，让全社会得到便利。这些提供便利的手段与市场和经济计划运行过程所采取的措施具有高度的一致性。制度在为全社会提供便利的同时，还会倡导便利的供给者与社会发展共同承担风险，这也就是保险、企业（公司）、合作社、公共社会安全部门所具有的基本特性。另外，便利的供给者还会向社会提供必要的公共产品或服务，如学校、机场、卫生设施、高速公路等，以求加快社会发展步伐。

中国经济学家袁庆明在 2005 年指出，制度的功能主要体现在市场经济中对经纪人的激励和约束两个方面，这两个功能的充分发挥需要有系统性的实施路径为保障。其中，一是通过有效抑制人的机会主义行为，或向社会提供更多有效信息，进而有效降低各种交易过程所存在的不确定性，同时对交易过程中的费用形成有效控制，这是对经纪人提供有效激励和约束的具体表现。二是通过外部性的内化过程，进而对经纪人形成有效的激励和约束。[②] 具体的实现路径如图 3-4 所示。

---

① 科斯，阿尔钦，诺斯. 财产权利与制度变迁：产权学派与新制度学派译文集 [M]. 上海：上海三联书店，1994：256.

② 袁庆明. 新制度经济学 [M]. 北京：中国发展出版社，2005：259.

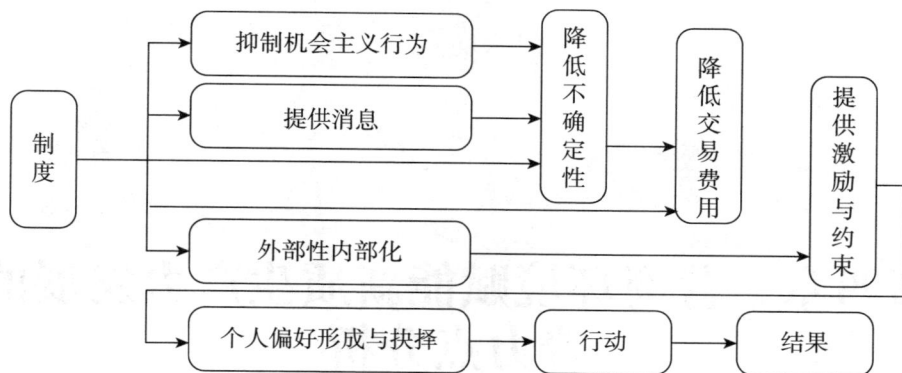

图 3-4　制度功能的结构

中国经济学领域专家林毅夫在《关注制度变迁的经济学理论：诱致性变迁与强制性变迁》一文中对制度的另外两种功能进行了具体论述，即安全功能和经济功能。他认为，在个体的发展过程中，所要面对的事物会存在不确定性，同时个体本身通常也会局限在知识、预见、技巧、时间之中，所以需要用制度来确保个体能够与其他个体之间主动建立密切的合作关系。在合作过程中，个体需要彼此之间能够为后期的安全做好准备，进而实现不同时间段的收入和消费水平能够保持大体相同，这就是制度安全功能的具体表现。制度存在的另外一个原因就是规模经济外部效益的收益得到充分保障，作为一个生产单位，个体的力量不免会被忽视，也不能将经济中的大部分进行内在化，所以个体在开拓自身收益的过程中，就需要依靠集体行动来实现，而这些行动就可以被认定为制度的经济功能。

第四章 营商环境赋能新质生产力发展的着力点分析

第一节 以要素营商环境的优化为赋能新质生产力发展的突破口

从新质生产力的实质角度进行分析，新质生产力本身就是科技变革背景下的新突破，也是在生产要素创新配置和产业深度转型升级背景下先进生产力的总称。新质生产力的表现形式通常为劳动者、劳动资料、劳动对象的进一步优化组合，进而让传统生产力发生根本性改变。其中，全要素生产率的全面提升就是新质生产力最为直观的表现，这也导致了新质生产力与传统生产力之间存在诸多差异，具体包括四个方面。一是劳动者发生了改变，劳动者将不再是从事简单重复工作的劳动力，而是具备现代技术操作能力和掌握现代高精尖生产制造设备操作技术的新型人才。二是劳动对象发生了改变，生产资料和劳动对象通常以物质形态下的高精尖智能设备和数字化生产装备为主，从而最大限度做到"解放劳动者的双手"。三是劳动工具发生了改变，人工智能技术、大数据技术、云计算技术、区块链技术、物联网技术成为人们从事社会生产的主要工具。四是新型基础设施成为促进经济社会发展的主要条件之一，一系列具有大科学性质的装置将成为促进中国经济社会发展的物质条件，特别是在战略性新兴产业中，基础设施集中体现出具备高度的信息化、数字化、智能化。

2024年1月，中共中央政治局第十一次集体学习，集中对新质生产力的理论内涵、主要特征进行了深入研究，明确指出新质生产力本身具有明显的高科技、高效能、高质量的发展属性，是全要素生产背景下全面提高生产效率的关键条件，也是中国经济社会高质量发展的核心动力所在。此次集体学习还对新质生产力形成与发展的必要条件进行了全面分析，这对探求以优化要素营商环境促进新质生产力发展的突破口有着重要指导意义。接下来，本书就从优化要素营商环境的角度出发，对新质生产力发展的突破口予以全面论述，具体如图 4-1 所示。

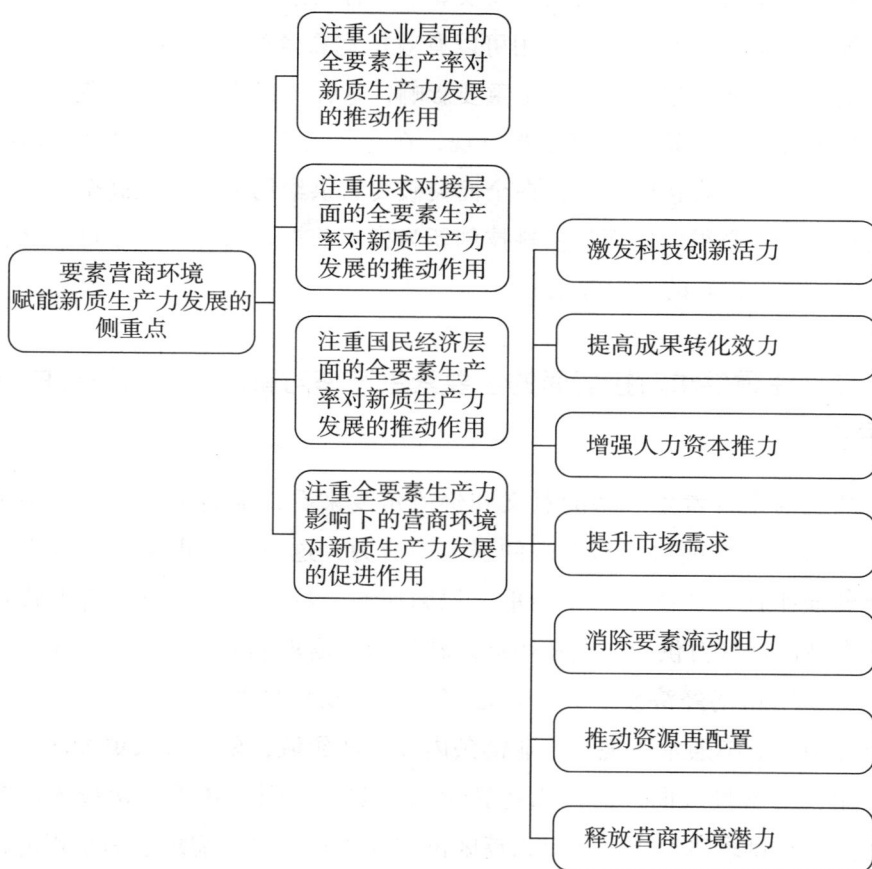

图 4-1　要素营商环境赋能新质生产力发展的侧重点

一、注重企业层面的全要素生产率对新质生产力发展的推动作用

从企业层面来看，全要素生产率主要表现在科技创新成果在各个领域的应用程度上，如果科技创新成果在战略性新兴产业、未来产业、传统产业中的应用程度较高，就说明全要素生产率的提高效果较好，反之则不然。也就是说，在全面提高全要素生产率的过程中，能够将新质生产力"高科技"这一特性淋漓尽致展现出来。另外，在上述产业中，各企业所生产出的产品数量往往取决于要素投入的情况，以及要素组合的效率，在要素供给程度一定的前提下，科技创新成果的应用可以有效拓宽要素类型（如数据等），还会对要素质量和要素组合方式产生重要影响，这样可以直接推动企业产品生产数量的增加。结合这一观点不难发现，在有效提高全要素生产率的过程中，科技进步起到最直接的作用，在全面突破要素供给约束实现提高全要素生产率的过程中，必须以全面加快科技创新为根本前提，只有这样方可让社会生产力的发展具备新的动力源泉。

二、注重供求对接层面的全要素生产率对新质生产力发展的推动作用

从提高全要素生产率的意义和价值角度来看，提高全要素生产率可以客观反映出生产端对于需求端的强大回应力，这也正是提高全要素生产率确保新质生产力"高效能"的重要原因所在。特别是在市场经济大背景之下，产品已经从对供给端的依赖逐渐转变为对需求端的高度依赖，这一转变也充分说明市场经济发展大环境已经发生了实质性的改变。在这一转变的全过程中，效率通常体现在产业链条内部生产领域，要素投入更加注重产品的产出，要素投入向产品产出的转化越为明显，则意味着要素投入的毛利率越高，在供求体系之中也可以反映出产品供给对市场需求的满足程度也越高。当前中国市场的消费需求规模正在不断扩大，消费需求的结构也呈现多元化发展的趋势，如生态、教育、保健、数据产品已经成为消费市场普遍的需求，市场主体对于信息化、数字化、自动化设备的资金投入需求在不断增长，如果生产要素能够予以强有力的回应，那么全要素生产率的发展水平也

会得到提高，所形成的新质生产力体现出较高的经济效能。

三、注重国民经济层面的全要素生产率对新质生产力发展的推动作用

从国民经济发展角度来看，全要素生产率的全面提高能够客观反映出在促进国民经济增长实践过程中，新理念贯彻与落实的总体水平，这也充分说明提高全要素生产率能够体现新质生产力具有"高能量"的特点。就目前中国经济社会发展的总体理念而言，"创新、协调、绿色、开放、共享"已经成为主旋律，全要素生产率的提升过程需要政府部门和相关行业主管部门在上述五个方面予以高度支持。其中，创新发展在提高全要素生产率的过程中，主要表现为提高增长贡献度；协调发展在提高全要素生产率的过程中，主要体现为结构优化所带来的经济增长可持续性；绿色发展在提高全要素生产率的过程中，主要表现为与市场需求结构的高度适应；开放发展在提高全要素生产率的过程中，主要体现为提高市场对国内和国外资源配置的高度合理性；共享发展在提高全要素生产率的过程中，主要体现为对于需求维度获得能力的有效增强。

四、注重全要素生产率影响下的营商环境对新质生产力发展的促进作用

从全要素生产率的提升过程来看，技术因素能否为之提供强有力的保障，将直接影响全要素生产率提升的效果。也就是说，在全要素生产率提升的全过程中，如果科学技术水平达到一定程度，那么全要素生产率的提升效果会趋于理想化。但是，在实践过程中，切实做到将这一理想转化为现实并非易事，需要有科学合理的制度体系作为重要保障。政府部门要全面提高经济制度调整能力，这样才能确保经济制度创新有效推动科学技术创新发展，加快全要素生产率提升的步伐，从而为新质生产力形成与发展过程提供强大的保障力。

（一）激发科技创新活力

在科技创新领域，研究成果的形成过程要遵循一定的客观规律，如果与客观规律相违背，就会导致研究过程遭遇难以跨越的阻碍，不仅新质生产力难以形成，各类创新主体的创新活力也很难激发，最终导致营商环境很难趋于理想化。对此，政府部门要充分发挥在创新资源配置方面的激励作用，以及评价导向作用，帮助各市场主体在谋求科技创新过程中获得更加充足的经费，用于基础性研究和颠覆性研究领域。各研究领域不断攻坚克难，逐步占领全球科技和产业竞争的"制高点"。这样的营商环境可以加快新质生产力的形成与发展步伐。

政府部门还要围绕国内市场规模大、市场主体数量众多、大型企业基数大等特点，对价格、供求、竞争市场机制予以系统化完善，力求广大市场主体在市场中的地位能够得到有效保障，有效激发广大市场主体结合当地实际情况逐步开展科技创新活动的积极性，促使企业全面树立依靠新技术、新产品、新业态、新发展模式增强市场核心竞争力的意识，促使新质生产力的快速形成与发展。

（二）提高成果转化效力

科技创新的最终目的就是让科技创新成果应用于不同领域之中，切实对全要素生产率的提升起到积极推动作用。由此可见，"应用"始终是科技创新的生命力，而全面提高全要素生产率就需要科技创新成果的不断转化。当前国内科技创新成果的专利产业化率，以及转让率和实施率方面，依然存在较大的提升空间。政府部门要协同有关行业主管部门，将科技创新成果转化环节作为科技创新与生产力发展之间的连接点，通过完整的"产学研用"一体化模式，打造出协同创新机制，从而让科技创新领域的"研究—开发—应用—推广"流程更加畅通，促使优质营商环境全面形成，更好地推动新质生产力发展。

与此同时，政府部门和有关行业主管部门还要强化对科技创新成果的客观评价，评价指标既要包括科技创新成果的转化程度和应用效果，还要包括科技创新成果的分配情况，以此来保障科技创新成果转化机构或个体的收益权重。这样可以全面加快中国科研领域和国家发展战略的实施进程，确保各产业与科技创新之间的对接效果，达到科技创新高质量服务新质生产力发展的目的。

（三）增强人力资本推力

在劳动生产率的全面增长过程中，资本化程度、人力资本的改善程度、全要素生产率是三个重要影响因素，并且在全面推进劳动生产率的增长过程之中，每一个影响因素的贡献方式以及含义都体现出明显不同。其中，资本化程度在全面推进劳动生产率提升过程中的贡献方式为资本深化，这种现象主要表现为资本投入增长速度要明显快于劳动力投入增长速度，而生产的结果则是资本对劳动力形成替代，对于达到提升劳动生产率的目标而言，实现有效提高资本转化程度显然是最简单的方式。然而，在社会生产的过程中，一旦失去劳动力无限供给，就会导致资本报酬的锐减，这样的生产方式也失去了可持续性。在经济增长的全过程中，人力资本的改善程度既是经济增长的一种直接贡献，同时对全要素生产率的提升有着间接贡献，在对劳动生产率提升过程的贡献中，其通常表现出稳定性和可持续性的特点，可是在贡献的效果方面，通常数据并不明显。

从上述论述可以看出，资本化程度和人力资本改善程度在全面提升劳动生产率的过程中，效果并不理想，这也意味着只有全要素生产率全面提升才能促使劳动生产率显著提高。其原因在于不同经济发展阶段中，人口红利往往存在明显不同。当前中国经济发展正处于数字化背景之下，人口红利在逐渐消失，经济增长的动能需要发生转变。全要素生产率驱动型经济增长模式的出现，促使当今时代经济发展方式发生转变，不仅体现出经济发展方式的创新性，还让科教兴国等战略内涵贯穿于现代化产业体系建设与发展的全过程中，这可以为新质生产力形成与发展提供不竭的动力。所以，全要素生产率应作为衡量国家整体层面高质量发展程度的重要指标。另外，其他国家关于这一论点已经予以证实，充分说明了全要素生产率不仅可以反映出国家经济增长的可持续性，也对一个国家能否跨越中等收入陷阱起到关键性作用。

政府部门和相关行业主管部门要切实做到有效提升全要素生产率并非易事，需要对制度环境，以及运行机制不断做出调整与优化。在国家经济增长的过程中，通常资本、劳动、土地三个因素贡献率所带来的影响较为显著。全要素生产率作为这三个要素贡献之外的残差项，如果实现了有效提高，并不意味着与生产要素投入总量和投入力度有直接关系，只能说明是要素资源配置的最终结果。所以全要素生产率的提高，其本质就是对生产要素之间的流动性、各种要素之间的匹配关系、资源配置政策的合理性，以及其他制度条件的合理性的客观阐释，并且对这些方面具有高度的敏感性。全国统一化的市场建设水平（如产品市场、服务市场、生产要素市场）往往对全要素生产率的提高起到直接影响作用，而将统一化的市场建设加以有效改善也是全面提高全要素生产率的主要抓手。这也可以充分说明有效提高全要素生产率对于营商环境的优化、积极宏观政策与微观政策的调整起着至关重要的作用，对于新质生产力的形成与发展也会产生直接影响。

（四）提升市场需求

在市场发展过程中，全要素生产率的总体情况可以客观反映出市场主体对于供给侧需求的满足程度。其中，市场主体在总体需求上具备支付能力，那么市场主体本身的全要素生产率就会得到有效提高，还会在支付能力和支付意愿两个方面不断提高自身对供给侧的需求水平，以此来保障全要素生产率的不断提升。由此可见，中国政府在今后的经济发展过程中，要从资本、知识、劳动的密集型同步发展入手，不断对中国特色社会主义经济体制进行深化改革，力保各产业协同发展，还要为科技创新促进劳动就业创造良好条件。政府部门还要加强对城乡融合发展体制机制、积极政策体系予以不断完善，全面加快新型城镇化发展步伐和乡村振兴步伐，让一大批中等收入社会群体能够进入战略性新兴产业之中，这样不仅能够打造出较为理想的营商环境，还对新质生产力的形成与发展起到积极推动作用。

（五）消除要素流动阻力

在社会生产活动过程中，全要素生产率通常可以间接反映出要素组合程度，而影响这种要素组合程度的因素则是要素流动情况，以及要素再配置的具体情况。在全面提高要素生产率的过程中，政府部门和有关行业主管部门要充分发挥市场在资源配置中的关键性作用，通过各级部门和有关机构的共同努力，全面加快要素市场的改革进程。其中，既要做到常住人口能够普遍享受政府部门高质量公共服务，确保农业人口能够最大限度向市民化转变，还要做到农业用地的"三权分置"，确保农业经济稳步发展，更要全力提高金融市场发展的质量，让更多的社会资本流向科技、绿色、养老等领域，进而实现生产要素在城乡之间、区域之间、行业之间始终保持科学配置的状态。

（六）推动资源再配置

就当前国际社会在全面提高全要素生产率、加快经济社会发展步伐所获得的经验来看，制约生产效率有效提高的机制以及作用方式主要包括两个方面。这不仅有助于在国内市场经济发展过程中，政府部门和相关行业主管部门对生产率悖论的理解，还有助于政府部门和相关行业主管部门有效攻破技术进步和产业结构升级调整的重点和难点。经过系统的归纳与整理，国际经验主要包括两个部分：一是资源配置僵化将严重制约生产效率的有效提升；二是资源配置的退化将会直接导致生产力发展停滞不前。针对前者而言，激烈的市场竞争环境往往会促使生产率较高的市场主体不断扩大生产与经营规模，由此保证其在激烈的竞争环境中生存下去。相反，生产率相对较低的企业则会在生产和经营规模上不断缩减，最终走向消亡。企业这种进退和存亡选择机制，成为经济社会发展全面提高生产率的有效途径。也就是说，一旦生产率相对较低的企业未能退出激烈的市场竞争行列，这就意味着一些有潜力的企业很难进入市场之中，同时生产率较高的企业在市场竞争环境之中很难得到发展，市场主体之间也不能将有利于提高生产率的资源进行重新配置。针对后者而言，在国际市场中，一些国家认为新技术往往会表现出两个最基本的特性：一是新技术产生通常可以促使资本替代劳动，也就是说一旦生产率有效提升，那么就业率则会随之降低；二是新技术的应用通常在市场主体中存在不对称性，这样就导致各行业在提高生产率的过程中，不能始终保持步伐一致，总有一些行业会被新技术所遗忘。所以在技术进步过程中，被排斥的劳动者如果流动至生产率相对较低的行业之中，那么就意味着这些行业的生产率不仅不会提高，反而会大幅度下降，造成资源配置效果退化的现象。这不仅会严重制约经济体的整体生产率提升过程，而且会造成经济体在国际领域核心竞争力的下降。

当前中国经济已经进入高质量发展的历史新阶段，中国政府和行业主管部门正在对中国经济结构进行战略性调整，以求最大限度减少资源配置过程中存在的不利因素。其间，对于单纯依靠传统生产方式的企业而言，由于企业生产经营方式相对落后，只能单纯依靠资源优势、价格优势、政策优势在激烈的市场竞争环境中生存，缺少新技术的有力支撑这一重要条件，所以必须强制性做出转型升级，或退出市场。这样虽然会导致短期内国内经济增长速度的下降，但对于要素资源的配置而言，具有发展潜力的市场主体将会获得更多生产性要素资源，促使其生产经营的规模不断扩大，这对国家经济高质量发展起到至关重要的保障作用。这样的操作也会有效避免劳动力从科学技术应用较为充分的行业流向生产力较为落后的行业，有效遏制中国经济向资源配置效率和生产率提高相反的方向发展，确保中国经济发展的可持续性。在这里，具体的实践操作就必须从全面优化营商环境入手，科学营造市场竞争大环境，确保市场主体在优胜劣汰的环境下发展，让各种生产要素充分释放出活力，这样才能保障生产要素资源配置优化社会生产。在这里，政府部门先要做到对自身的职能进行准确定位，全力开展科学有效的简政放权工作，以及"放管服"改革工作，切实为初创企业、充分就业项目、大众创业项目提供理想化的政策环境和公共服务。与此同时，政府部门还要做到对市场大环境进行合理规制，避免市场大环境中产生行业垄断现象，为广大小微企业、国外优质资本打造出公平、公正、公开的市场竞争环境。另外，政府部门和行业主管部门还要打造出良好的创造机制和激励机制，全面鼓励广大市场主体广泛应用高精尖科技创新成果，让数据等先进生产要素成为市场主体产品生产过程的主要生产资料，促使数字经济与实体经济在中国市场中能够保持高度的兼容性。政府部门还要为广大市场主体提供政策托底，为转岗的劳动者提供一张"社会安全网"，确保劳动力的流动不会制约社会生产效率的提升。

（七）释放营商环境潜力

在经济发展领域，全要素生产率的提升主要依靠企业行为，而且行为会受到营商环境的影响，由此可以推理出一个重要结论，即营商环境对全要素生产率的提高起到重要影响作用。提高全要素生产率是新质生产力发展所必需的条件，因此确保新质生产力的发展就要以优化营商环境，全面释放营商环境潜力为根本前提。对此，政府部门和相关行业主管部门必须从坚持"两个毫不动摇"入手，并且立足健全营商环境的市场化、法治化、国际化水平三个维度，对营商环境予以根本性的改变。另外，政府部门还要全面加强对经济社会高质量发展评价体系，以及地方政府绩效评价和财政管理体系的建设工作，以此来保证营商环境建设始终处于新质生产力发展的突出位置。

第二节　以市场化营商环境的打造为赋能新质生产力发展的土壤

在市场经济发展大背景之下，构建优质的营商环境是一项系统性工程。其间，不仅要明确打造优质营商环境的基本前提条件，还要对其动力条件予以系统性挖掘，由此才能确保所构建出的营商环境始终与市场经济发展大环境高度匹配，对新质生产力的快速形成与发展起到积极推动作用。笔者从三方面入手（具体如图4-2所示），明确以市场化营商环境促进新质生产力发展的基本思路。

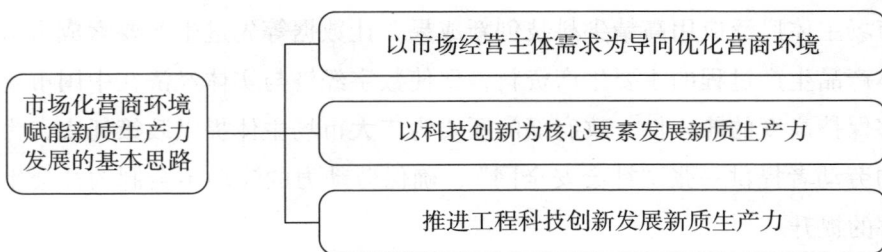

图 4-2　市场化营商环境赋能新质生产力发展的基本思路

一、以市场经营主体需求为导向优化营商环境

营商环境的本质是生产关系的综合，营商环境的变化导致生产关系要发生改变。在营商环境不断变化的过程中，市场内部的经营活力会被无限激发出来，经济发展动力也会得到不断增强，新的社会生产力就此出现。中国共产党第十九次全国代表大会的胜利召开，标志着中国全面进入社会主义建设新时代，全面加快社会主义市场经济制度的改革与发展也成为当今时代的重要历史任务，营商环境的全面建设是重要抓手。2022 年，中国共产党第二十次全国代表大会报告明确指出，"营造市场化、法制化、国际化一流营商环境。"我们要立足《优化营商环境条例》等相关政策法规，对市场化、法治化、国际化营商环境建设工作做出明确部署，这为中国营商环境的优化指明了方向。

（一）以投资发展需求为导向优化市场准入环境

平等宽松的市场准入环境是市场经营主体投资兴业的前提。各类市场经营主体只有先进入市场，才有动力谋求之后的经营发展。只有吸纳更多市场经营主体入市，形成千帆竞发、百舸争流的局面，才能更好地激发市场活力、增强经济发展动力。因此，在准入领域上，要根据国家发展战略和生产力布局的需要，适度放宽市场准入领域，在不断优化完善市场准入负面清单的基础上切实贯彻全国统一的市场准入负面清单制度，且有必要将落实情况纳入地方政府目标考核。在准入资格上，要推行全国通用的市场经营主体资质认证和从业人员职业资格管理标准。在准入落实上，要依托全国统一大市场建设，消除区域性壁垒，鼓励市场经营主体发挥比较优势跨区域、多领域投资，拓展投资创业地域和行业空间。

（二）以生产要素需求为导向优化要素获取环境

均衡便利的要素获取环境是市场经营主体投资兴业的基础。经营主体进入市场后，第一要务便是配置生产要素。人、财、地、物、技术等生产要素，任缺其一都会掣肘市场生产经营。因此，要助力市场经营主体获取生产要素。第一，要优化劳动力获取环境。要强化高等教育与职业教育契合联动，顺应产业发展采取人才激励措施，培育并吸纳高质量专业技能人才，建立质优量足、结构合理的人力资源供给体系。同时，要促进劳动力跨区域有序流动。第二，要优化生产资料获取环境。要从土地、厂房、公用事业、机器设备、原材料等方面着手，实施全国统一的城乡建设用地供应管理，规范厂房、基础设施建设和验收管理，公开水、电、气、热等公用事业报装流程、服务和收费标准，强化生产性机器设备质量控制、售后服务和迭代升级，构建稳定的原材料供应市场。第三，要优化资金获取环境。要以降低融资成本为核心改善融资环境，增加直接金融体系融资渠道供给，强化融资总额与结构管控，完善多元化、多层次资本市场建设，围绕产业发展创新金融服务和信用支持模式。第四，要优化技术获取环境。要加大科技创新支持力度，加强科研机构与市场经营主体创新合作，搭建整合产学研资源的多元创新服务平台，构建自主研发、模仿改进与技术转移相结合的技术获取模式，完善技术要素市场化交易机制。

（三）以降本增效需求为导向优化政务服务环境

公开高效的政务服务环境是市场经营主体投资兴业的关键。市场经营主体要确保生产经营顺利运行，必须处理好与经营活动相关的政务事项，如登记注册、印章刻制、银行开户、税务登记、行业许可办理、员工社保公积金办理、税务稽查、消防检查、环保检查、社会问题处置等，这将耗费一定的时间、资金和人力，增加非生产性成本。政务服务效率不仅关乎单个主体的经营效益，也影响着整个市场的经济效率，必须加以提升。首先，要坚定为人民服务的理念，持续深化"放管服"改革，加强有为政府建设，树立流程简便、材料精减、标准公开、时限缩短、渠道自选和同等受理的政务服务导向。其次，要完善全国通用的"互联网+"一体化在线政务服务平台建设，拓展政务事项"一网通办"范围，同时加强跨区域政务服务合作，推进政务服务数据共享和证照互认。再次，要实施行政许可和证明事项清单管理制度，优化行政审批服务，强化事中和事后监管，规范中介服务机构管理；优化涉税服务，规范并降低行政事业性收费，推动减税降费切实惠及市场经营主体。最后，要构建"亲""清"政商关系，积极关注市场经营主体诉求，强化协力解决问题的主动担当，建立按需服务、不需不扰的政务工作机制，降低市场经营主体非生产性成本。

（四）以安全经营需求为导向优化法治保障环境

公正稳定的法治保障环境是市场经营主体投资兴业的支撑。市场风险与收益并存，市场经营主体的第一需求是安全，包括人身安全和财产安全等，只有在安全得到保障的基础上才会进一步追求收益。法治是最好的营商环境。法治指有法可依、有法必依、执法严明和司法公正，能够使市场生产经营活动遵循具有公信力的制度和规则，约束市场交易行为和政府管理行为，降低交易风险，稳定安全与收益预期，提升投资信心。因此，要保障经济活动有序运行，必须持续优化法治营商环境。一是加快营商环境顶层设计，统筹有关产权保护、反垄断等市场经营管理的法律法规的制定、修改、废止、解释、编纂工作，实现制度供给稳定有力。二是加强法治宣传教育，普及依法经营知识，营造全民知法、守法的经营环境。三是完善公共法律服务体系，构建多元化纠纷解决机制，强化法律中介服务机构管理，增加法律咨询和服务供给。四是规范开展监管执法，坚持"强监管"与"促发展"并重，推进执法严格、规范、公正、文明。五是强化司法公平正义，深化司法责任制综合配套改革，严厉打击司法腐败，推进司法权运行权责对等。

（五）以产出实现需求为导向优化商品流通环境

通达顺畅的商品流通环境是市场经营主体投资兴业的要旨。生产经营活动最终是为商品交易服务的。商品交易既满足了消费者的美好生活需要，也满足了生产者的产品价值实现需要。商品流通是连接商品从生产到消费的桥梁，关乎商品交易能否顺利进行。因此，要打造促进商品交易的商品流通环境。第一，要遵循高质量标准强化商品质量管理。加强质量检测机构科学管理，实现质量检测标准全国统一，促进质量认证跨区域联动协同，并与国际接轨，提升商品质量信度。第二，要大力推动品牌建设和商品推介工作。支持高质量商品拓展品牌知名度，鼓励打造区域公用知名品牌，搭建区域性、国际性商品推介平台，助力市场经营主体提升品牌知名度，拓展商品市场占有空间。第三，要持续深化对外开放。积极开拓国内外市场，清除阻碍全国统一大市场建设的制度性壁垒。第四，要提升物流服务能力。完善物流基础设施建设，改进物流工作机制，提高商品运输和物资集散效率。第五，要建立政企协同的商品流通工作机制。以促进市场交易、实现商品顺利销售为目标，立足现实需求整合政企资源，多元化创新商品销售模式，合力推动商品市场供给侧与需求侧适配均衡。

二、以科技创新为核心要素发展新质生产力

就当今时代发展大背景而言，数字经济已经成为促进中国经济社会发展的中坚力量，数字技术和人工智能技术所覆盖的生产要素已经成为全面提高生产力水平的重要因素。由此可见，在当今时代背景之下，科技创新已经成为全面提升生产力水平的"超级变量"，同时是有效协调生产关系和生产力平衡发展的重要条件。

从新质生产力形成的基本条件来看，科技创新是至关重要的内在驱动力。其原因在于新质生产力普遍具有较高的生产效率和生产质量、更为突出的创新能力、更为符合高质量发展要求的生产方式三个特质，这三个特质的产生就需要较高的技术作为重要支撑，所以新质生产力的形成过程必须以科技创新为根本，这也充分证明了新质生产力是对传统生产方式的一种颠覆。

在这里需要强调，新质生产力并非对传统生产力彻底摒弃，也就是说，全面发展新质生产力并非放弃传统产业，而是通过运用先进技术对传统生产力进行改造，进而实现生产效率的提升，促使传统的产业结构实现科学的转型与升级，进而让经济发展过程出现更多新的增长点。

科技创新促进新质生产力与新型生产关系相互适应。科技创新作为社会进步和经济发展的核心驱动力，深刻影响并重塑生产关系。科技创新通过引入新技术、新材料、新工艺，极大地提高了生产效率，降低了生产成本，并引发生产方式的变革和劳动形态的演变，进而推动生产关系的调整。生产力决定生产关系，生产关系对生产力具有反作用。科技创新引发生产关系各个要素进行优化组合，需要不断完善与之相匹配的法律框架、监管政策和保障机制，激发劳动者的创造性、促进科技创新和管理水平的提升、推动分工协作和生产组织的现代化等，共同促进新质生产力持续发展，形成新质生产力发展和生产关系优化的动态适应。

科技创新需要有效市场与有为政府更好的结合。依靠科技创新塑造发展新动能，需要充分发挥市场在资源配置中的决定性作用，由市场需求主导创新资源有效配置，强化企业科技创新主体地位，发挥科技型骨干企业引领支撑作用，营造有利于科技型中小微企业成长的良好环境，推动产学研深度融合，促进科研成果向现实生产力的快速转化，加速新技术、新产品、新业态的涌现。要更好地发挥政府作用，健全宏观调控体系、强化监督管理、提供公共服务、积极防范和化解重大风险，加快推进国家创新体系建设，在顶层设计、战略规划、政策供给等方面加强统筹布局，充分释放市场活力，促进更加有效的市场形成。围绕国家重大战略需求，充分发挥中国特色社会主义制度能够集中力量办大事的优势，以新型举国体制高效开展有组织的科研攻关，让政府在推进关键核心技术攻关方面更好地发挥组织协调作用。在这里，需要深刻意识到工程科技在人类发展过程中发挥着"发动机"的作用，无论是产业革命，还是经济发展和社会进步都深刻证明了这一点。特别是中国近年来所取得的诸多发展成就，一系列工程项目的开工建设为战略性新兴产业和未来产业开通了"赛道"（如港珠澳大桥助力粤港澳大湾区新兴产业发展等），这为中国经济高质量发展提供了强大动力。

结合当今中国经济与社会发展所处的历史新阶段，可以看出将中国建设成为社会主义现代化国家已经成为首要任务，秉承自立自强的态度全面加快高水平科学技术发展是必要条件之一，要求多领域的对外交流与合作提供辅助，这样高水平科学技术的发展才能取得令世人瞩目的效果，中国经济与社会发展才会呈现出更高的质量。随着中国共产党第十八次全国代表大会的胜利召开，中国经济与社会的发展就集中指向于自强自立、不断突破、科技创新。从中国科技创新领域发展的历程出发，无论是在科技创新的内生动力方面，还是在高端产业链安全韧性和关键核心技术方面，都存在较大的可提升空间，需要广大专家学者、科研人员以自立自强的态度不断进行深入研究与探索，确保中国将未来的命运牢牢掌握在自己的手中。积极探寻新质生产力的形成与发展，是全面确保中国科技发展自立自强，不断探寻科技创新突破口的重要途径，只有这样，中国的科技创新才能掌握主动权，中国经济与社会的发展才不会受外部环境影响。在此过程中，需要明确自强自立的科技创新并不是关起门来独自探寻科技创新之路，而是以高度开放、多方合作、互利共赢的思想，不断加强与国际高度合作，以此来保障中国新质生产力的形成与发展对全世界科技创新发展起到引领作用。

三、推进工程科技创新发展新质生产力

从现代产业发展根本前提条件的角度出发，现代工程技术在诸多产业发展中都发挥着重要的基础作用，是促进科技产业发展的重要桥梁所在。因此，在积极优化营商环境、赋能新质生产力的全面发展过程中，必须将大力推进工程科技创新作为侧重点。再从当前新一轮技术变革和产业变革的大趋势进行分析，大国之间的博弈与竞争、场景驱动、数字经济与实体经济的相互结合、范式创新已经成为当今时代国家经济发展所要面对的大环境与大趋势，工程科技创新则是确保国家在博弈与竞争中始终保持优势的重要条件，更是促进数字经济与实体经济协同发展的关键力量。所以中国在全面优化营商环境、积极推动新质生产力的培育与发展过程中，必须将工程科技创新发

展放在重要位置，让其在基础科学发展、带动技术进步、加快经济社会发展步伐的过程中，充分发挥牵引、示范、推动作用，新质生产力也会在这样的大环境中逐步形成并走向成熟。

首先，在实践过程中，政府部门要以科技创新为先导，建立一个能够引领工程科技创新发展的现代产业体系。其间，政府部门必须树立以科技创新引领产业创新的总体思想，强调科技创新的原创性，从而为新技术的创新培育提供新动能，使科技创新成果能够向重大场景实现有效转化，这样新质生产力也会随之形成，并得到长足发展。在此基础上，要确立一条工程科技创新的重点产业链，并以此为核心对关键技术的薄弱环节集中优质资源进行全方位攻关，确保促进工程科技创新的产业体系具有自主可控性和安全可靠性。在这里，政府部门需要做到将产业链与资金链和人才链深度融合，以及加快传统生产制造业和新兴产业的转型步伐与集群化发展步伐。前者能够确保身处产业链中的创新要素保持较高的流动性，后者则能够为工程科技创新成果转化提供更多的应用场景，这样可以为打造未来产业生态提供技术层面的支撑，新质生产力在此环境之下会获得理想的培育和发展空间。

其次，政府部门要充分发挥工程科技创新在营商环境优化、促进新质生产力形成与发展过程中的引领作用，赋予深化产业变革更为强大的动能，从而驱动新质生产力的又好又快发展。在这里，政府部门必须高度关注国家层面的战略发展具体需求，以全面开展应用研究工作来促进工程科技创新的基础研究，确保工程科技创新成果的高效率转化，并实现在各产业发展过程中的融通。具体实践操作不仅要做到注重学科之间的广泛交叉与融合，还要做到积极组织大科学计划的制订与落实，让工程科技创新领域中的基础研究任务得以科学布局，形成完整的科研平台、资源配置方案、组织管理体系，最终实现基础研究工作的整体效能提升。另外，政府部门还要联合行业主管部门，充分发挥现有工业体系、市场攻坚、应用场景、组织体系等多方面优势，推动工程科技创新成果的应用项目、满足市场需求的技术试验项目纷纷上马，从而推动新技术与各产业之间的汇聚融合。这样不仅为理想营商环境的形成提供了强大驱动力，更为新质生产力的全面培育与发展产生推动力。

最后，政府部门要联合行业主管部门，共同加快对工程科技创新成果的转化步伐。在这一过程中，政府部门要与行业主管部门共同进行行业调研和市场需求调研，对当今工程科技创新前端研究的主要方向、要素价格、各类创新要素的具体配置情况进行全方位了解。这样不仅可以让"产学研用"模式成为工程科技创新过程中的有力推手，还能让工程科技创新的各项成果转化在专业机构中完成，进而逐渐形成一个完整的技术交易市场。这样的操作过程不仅为优化营商环境增添了又一重要砝码，还为培育与发展新质生产力提供了更为广阔的空间。在这里，需要强调政府部门必须高度重视对该环节提供全程性的服务与保障，既要做到自主知识产权不受任何侵害，还要促成科技金融链条的全面形成。在这些条件的共同加持之下，与工程科技创新领域相关的产业会有优质资本源源不断注入进来，工程科技创新成果转化的速率也会逐步提升，新质生产力随之源源不断地形成，并在时代发展的长河中不断更新。

纵观当前中国全面优化营商环境、带动新质生产力发展的根本路径，大力推进工程科技创新已经成为一个重要突破口，但正向具体操作是一项系统性工程，不仅要求政府部门和有关行业主管部门深刻意识到工程科技创新在加快培育和发展新质生产力中的作用，还要注重建立一个理想的科技创新生态大环境。其间，既要做到对国家层面重大战略和市场失灵领域做出顶层设计，又要做到对一切资源进行统筹配置，从而使中国的科研领域在世界范围内更加具有竞争力。在规划国家重大战略顶层设计与市场失灵领域的顶层设计过程中，政府部门必须做到始终以强化国家战略科技力量为根本目标，并对两项顶层设计做出准确定位，最终形成具有高度互补性的国家战略科技力量发展协同机制，这样方可确保工程科技创新的步伐不断加快，对培育和发展新质生产力发挥强有力的推动作用。具体而言，政府部门要将人工智能等关键技术和战略性新兴技术领域作为当下，乃至未来国家战略发展的主要方向，之后要对各项技术所涉及的行业和相关企业进行科学布局，并对其发展目标和重点任务做出系统性规划，最后一个环节则是出台各项相关政策，确保各级政府、行业主管部门、市场主体之间能够共同发力，为推动新质生产力的发展形成强大的合力。另外，在全面加快工程科技创新步伐，助力新质生产力培育与发展的过程中，政府部门还要注重对创新成果的评价，这样才能在促进工程科技创新发展中充分发挥出"指挥棒"的作用，做到在调动科技创新人员参与积极性的同时，构建出较为理想的科技创新生态，理想的营商环境也会在无形中逐步形成，新质生产力在这样的理想环境之下会逐渐形成，并获得广阔的发展空间。

在上述实践操作过程中，政府部门需要深刻意识到大力推进工程科技创新，促进营商环境的理想化，并最终实现加快培育和发展新质生产力的全过程，并不意味着要保持"闭门造车"的发展理念，而要不断提升开放程度。源源不断的国际科技交流合作可以促进工程科技创新领域相关产业发展，以此构建出的营商环境才会为新质生产力培育和发展发挥有力推动作用。在此期间，政府部门和行业主管部门要积极鼓励相关市场主体参与全球创新网络的建设过程，与其他国家相关科研组织和科研人员一道，共同为建设人类命运共同体谋求技术支撑，同时各国相关科研人员和资源形成高频率的流动，这样就能为中国形成理想化的营商环境添砖加瓦，新质生产力的培育和发展也会伴有理想的环境和土壤。在实践操作过程中，政府部门和相关行业主管部门要在基础设施建设，以及工程与工业化发展等优势领域不断扩大国际合作对象的选择范围，让资源网络得到最大限度拓展，实现优质资源的高效聚集与科学配置，确保影响中国经济社会又好又快发展的因素能够被逐一消除。这样不仅可以对国内整体营商环境的优化发挥作用，还能对新质生产力的全面培育与快速发展起到间接推动作用。

第三节　以产业化营商环境的培育为赋能新质生产力发展的引擎

产业化营商环境是指市场主体在市场经济活动中所涉及的体制机制性因素和条件，体现了制度软实力、综合竞争力和市场运行效率。优化产业化营商环境的目标是为各类市场主体投资创业营造稳定、公平、透明、可预期的良好环境，从而激发市场活力和社会创造力，增强发展动力。这包括但不限于政务环境、市场环境、法治环境、人文环境等方面的优化，涉及影响企业活动的社会要素、经济要素、政治要素和法律要素等多个方面。具体而言，这包括但不限于以下几点。

政务环境的优化，如设立政务服务中心、便民服务中心等，通过"一窗受理、综合服务"的模式，提高行政效率，降低企业和个人的办事难度。

市场环境的公平竞争，通过打破地方保护和市场分割，促进商品要素资源在更大范围内畅通流动，确保市场主体的公平竞争。

法治环境的加强，通过完善产权保护、市场准入、公平竞争、社会信用等市场经济基础制度，市场主体的合法权益得到保护。

国际化水平的提升，通过与国际规则接轨，提高涉外投资贸易的开放程度，增强市场吸引力和国际竞争力。

通过这些措施，产业化营商环境不仅能够促进经济增长和产业发展，还能够提升国家的综合竞争力和国际地位。结合当前中国经济社会发展的现实情况和未来发展的大趋势，可以看出产业经济已经成为中国经济社会发展的主要模式，也就是说，产业化发展已经成为中国经济发展的主体思路。营商环境的构建要与当前中国经济社会发展模式保持高度统一，这样才能确保社会生产力水平的全面提升。因此，立足产业化营商环境的构建，全面促进新质生产力发展成为提高中国社会生产力水平的主要抓手。其间，具体操作应重点关注以下五个方面，如图4-3所示。

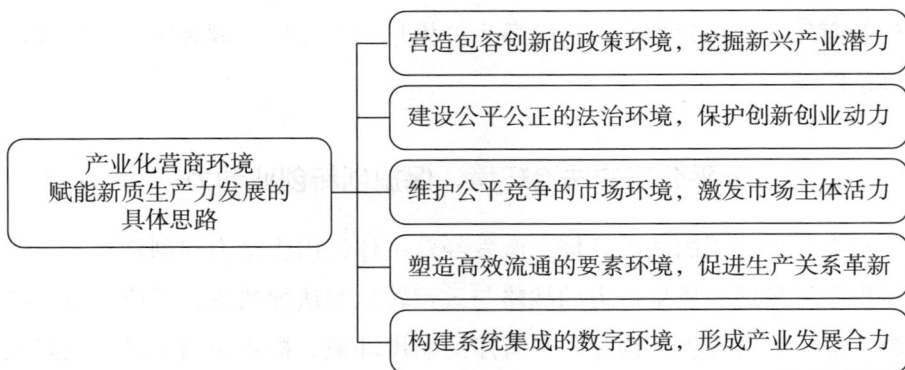

图4-3　产业化营商环境赋能新质生产力发展的具体思路

一、营造包容创新的政策环境，挖掘新兴产业潜力

结合中国政府对国家经济体制和科技体制改革所提出的具体要求，不难发现其根本就是要全力打通当今时代新质生产力发展的"堵点"与"卡点"，这样才能实现经济社会与科技创新发展步伐不断加快的宏伟目标。然而，新质生产力的发展需要有系统的前提条件作为支撑，包括理想的营商环境、政策环境、资源配置方案等，而这些条件往往通过制度的科学调整才能实现。在这里需要强调，只有立足产业发展提供充足的政策供给，才能推动产业布局实现高度的合理化。其间，政府部门要立足新能源、新材料、新技术等战略性新兴产业的全面发展，提供产业引导政策，力求优势资源向战略性新兴产业高度集中，并且要鼓励现有市场主体结合技术创新和新旧动能的转换。以最快的速度完成生产经营方式的转型。在这里，政府部门还要在政策方面不断加大对地方性科技型企业培育的支持力度，引导这类企业不断扩大经营规模和业务覆盖范围，从而在同行业中具备更强的竞争力。除此之外，政府部门还要建立一整套适用于科技创新与成果转化应用的激励政策体系。前者能够有效激励当地高等院校、科研院所、企业科研部门积极发挥自身的资源优势，不断开展有组织、有目的、有计划的战略性新兴产业技术攻关活动，确保政府部门在推动当地关键技术创新发展的过程中充分体现出主导作用。后者要求政府部门立足技术创新成果的产出和应用转化的过程，提供相应的激励政策，加快产业技术科技创新和创新推广应用机制的形成步伐，促使产业化营商环境的构建加快推进新质生产力形成与发展，成为区域经济发展的优势条件。

二、建设公平公正的法治环境，保护创新创业动力

建设公平公正的法治环境，激发经营主体的内生动力和创新活力。通过法定程序将发展新质生产力的战略与政策转化为法律法规，适应新质生产力发展需求，为科技创新构建公平有序的制度环境，提供法治保障。做好地方性法规与规章的"立、改、废、释"，破除法律制度落后于科技创新的局限，聚焦发展新质生产力的空白点、薄弱点，完善促进型法律规范，为重要科技

创新成果提供制度保障，确保新质生产力发展在法律的框架下有序进行。同时，优化综合监管方式和科学执法程序，保护企业合法权益，保障新质生产力加快发展。面对新兴产业、未来产业健康发展需求，在立法层面要避免严苛烦琐的制度设计制约新质生产力的发展，以促进保障为基本方向，在执法层面要严格落实执法责任，完善执法程序，结合新兴产业、新型技术特征，采取更为包容审慎的监管执法方式，充分发挥法治引导、监督、促进作用。加大知识产权的保护力度，进一步探索构建知识产权专业化审判体系，强化知识产权司法保护，为技术创新、新兴产业发展提供司法支撑，充分保障创新主体权益。

三、维护公平竞争的市场环境，激发市场主体活力

新质生产力的发展不仅要求生产要素在更广泛的范围内进行自由流动和高效配置，还要求实现资源配置的深度优化与效率提升。因此，需要构建高质量的市场经济体系，打造推动新质生产力发展的经济环境。一是当前正在构建全国统一大市场，需要通过深化改革和制度创新，解决新质生产力发展过程中存在的各类痛点、堵点、卡点，消除阻碍先进优质生产要素自由流动的壁垒，促进市场主体的公平竞争。二是放宽市场准入限制，减少过度干预，充分发挥市场在资源配置中的决定性作用，使不同规模、不同所有制、不同技术路线、不同行业的市场主体都能够平等享受惠企政策、获取创新资源和生产要素，真正形成优胜劣汰的竞争机制，有效激发市场主体活力，激励创新成果产出、转化。三是健全市场监管和信用体系，提振市场主体信心。针对企业监管事前预防提醒不够、事中监管缺失、事后以罚代管等问题，要进一步加大线上线下一体化监管力度，创新"寓管于服"机制，构建适应新兴产业发展的有效监管机制，提升市场秩序综合治理效果。

四、塑造高效流通的要素环境，促进生产关系革新

2024 年 1 月，习近平在中央政治局第十一次集体学习中强调："建立高标准市场体系，创新生产要素配置方式，让各类先进优质生产要素向发展新

质生产力顺畅流动。"新质生产力的发展既要求各种生产要素具有更加广阔的配置范围，也要求更有效率的配置深度，这就需要塑造高效流通的要素环境。新质生产力发展离不开要素资源，针对当前存在的要素保障支持力度不够、跟进不够精准、要素保障体系不够完善等问题，可采取以下措施。一是强化要素资源保障，提高要素保障跟进效率。借助"万人助万企"活动，提升企业要素保障服务精准水平，着力解决创新创业企业发展面临的审批堵点、融资难点、人才紧缺等问题。聚焦要素保障供给侧结构性改革，进一步健全要素市场治理，做好要素"精细化"保障。二是健全要素协同保障体系。建立要素保障跨部门信息共享机制，破除数据壁垒，突破"碎片化"困境。加快健全要素市场化配置机制，健全要素市场体系，着力破解制约要素市场化配置的深层次问题。三是畅通劳动力要素流通渠道。高素质的劳动者是新质生产力的核心要素保障，知识密集型技术的发展离不开科技人才的支撑。要解决劳动力市场配置程度较低、劳动力供需结构不适应、专业技术水平偏低等问题，需要建立省内科研院所与企业之间的人才流动机制，培养科技创新高端人才、实用人才，打造一支数量充足、专业过硬的青年科技人才队伍。

五、构建系统集成的数字环境，形成产业发展合力

数字技术的发展带来生产方式和生产关系的重塑，进而引发生产力的深刻变革，为产业升级与现代化经济体系构建提供新的动能。强化数字软环境建设，不仅能够实现传统产业的数字化革新，还能够带动以技术为基础、以数据为关键生产要素的创新产业和数字经济蓬勃发展。一是在国家"新基建"的战略框架下，大力推进区域数字基础设施一体化建设。加强算力基础设施建设，保障大数据、人工智能等新技术落地，充分挖掘数据要素价值，为新质生产力发展打下算力基础。利用区块链技术确保数据的开放共享安全，既打破数据壁垒，又缩小地区间信息发展差距。二是加快产业数字化发展。以数字技术改造提升传统产业，运用数字技术，从生产、流通等各个环节提高运行效率、减少交易成本。三是建设数据要素市场，促进数字产业化发展。

构建数据要素管理和评价体系，为数据要素流通和交易创造良好生态环境。通过挖掘数据资源的潜在价值，构建数据要素全产业链，打造数字产业集聚区，鼓励引导企业依法合规采集与治理数据，培育并壮大数据服务产业。

第四节　以法治化营商环境的提升为赋能新质生产力发展的支撑

从字面上来看，新质生产力是与旧质生产力相对应的概念，"新"主要体现在高能效和先进性两个方面。该生产力产生的基本前提条件在于必须对知识产权予以全面保护，并且要有一套完整的政务服务体系和法治化程度较高的优质营商环境。其间，良好的营商环境可以通过健全的知识产权保护、高质量的政府政务服务、公正的司法体制等多个方面予以实现。因为政府一旦对上述几个方面做出积极调整与优化，市场主体参与市场交易的频率，以及创造财富的积极性也会得到大幅提升，新质生产力会随之形成。从最近几年中国经济发展的总体形势来看，绿色低碳已经成为中国经济发展的主旋律，国家要求市场主体在生产经营过程中，将绿色低碳作为根本发展理念，同时各级政府部门还要对其进行严格的治理与监督，为全面建设美丽中国提供强有力的保障。这也意味着政府部门在以政策和市场为导向，全面优化营商环境的过程中，必须将行政审批制度和信用审批制度的改革视为重中之重，还要对民营资本和国外资本的准入条件予以放宽，确保政府准入市场的优质民营资本和国外资本数量不断增加。国家和地方在最近几年分别出台了关于营商环境法治化建设的政策法规，对优化政务服务流程和政务服务的开展模式也分别提出了相关要求，这为政府全面促进营商环境健康发展打下了坚实基础，同时为全面加快新质生产力的形成与发展步伐提供了重要支撑。在实践操作中，应重点关注以下方面，具体如图4-4所示。

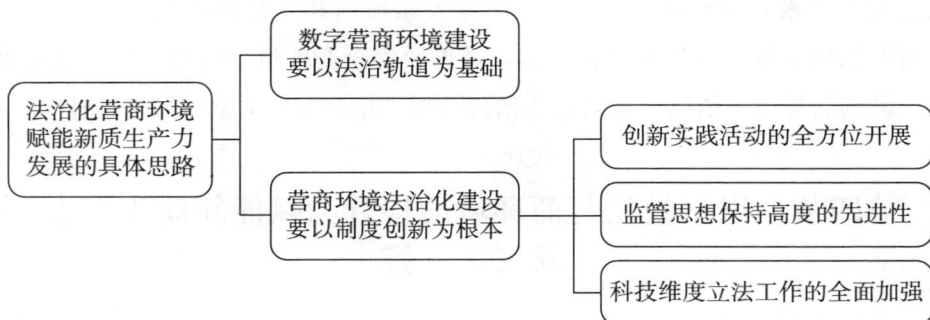

图 4-4　法治化营商环境赋能新质生产力发展的具体思路

一、数字营商环境建设要以法治轨道为基础

从新质生产力形成和发展的必要条件来看，新质生产力发展必须有与之相适应的生产关系作为重要支撑。优质的营商环境固然可以作为一种新型生产关系，但在打造优质营商环境的全过程中，必须对现有营商环境进行不断深化改革，由此才能确保营商环境与新质生产力形成和发展所提出的具体要求相吻合。为此，依托数字时代发展大环境，全力打造数字营商环境就成为理想选择。在这里，数字营商环境实质就是在数字时代背景之下的营商环境，该营商环境不仅能够有效激发市场主体的活力，还能对数字经济发展的潜力产生释放作用，能够为当今中国经济社会发展提供强大的推动力。然而，全力打造数字营商环境是一项系统性工程，不仅要有明确的政策作为引导，还要有具体的实施策略作为支撑，这样才能为新质生产力的形成与发展提供理想的环境和平台。对此，国务院出台了《优化营商环境条例》等相关政策法规，同时各省级政府部门也以此法律法规为基础，纷纷出台了关于优化营商环境的具体条例，这为全国数字化营商环境的构建提供了法治层面的保障。

在全面优化营商环境的过程中，相关政策法规相继出台，不仅可以让国内广大市场主体的活力得以充分激发，还能使中国数字经济发展的潜力充分释放，进而保障中国经济社会的发展始终保持稳固根本、稳固预期、稳固长远利益的状态。但是，新质生产力在当下乃至未来社会中，并不会保持一成不变的状态，会时刻根据时代发展大环境的变化而发生改变，这就需要优化营商环境的过程必须牢牢掌握新质生产力发展的切实需求，从立法、执法、司法、守法的角度，确保广大市场主体知识产权与合法权益不受侵害，从而打造出高度法治化的营商环境。

随着《优化营商环境条例》《中共中央 国务院关于构建数据基础制度更好发挥数据要素作用的意见》以及各地数字经济促进条例的出台，中国数字营商环境法治化建设取得了一定成绩，但仍有进步空间。

一方面，数字营商环境法治化建设需完善现有法律体系。实现数字营商环境法治化，先要有确定、稳定的法律规则。在新业态、新模式下，缺乏系统性法律体系会抑制市场活力，压缩创新空间。因此，需要统一完善相关法律法规，以规范市场秩序、保护创新成果、降低交易成本、提高资源配置效率，促进新质生产力持续发展。

另一方面，数字营商环境法治化建设应符合新质生产力发展规律。在数据要素市场建设方面，应深化数据要素市场化配置改革，优化利益分配、市场准入、公平竞争、社会信用等基础性制度，完善跨区域、跨部门、跨层级的数据信息共享和互联互通机制，深化政务服务合作，优化营商环境。

二、营商环境法治化建设要以制度创新为根本

中国经济已经全面进入数字时代，在此时代背景之下，建立高度统一的全国大市场，全面加快要素市场的改革步伐，形成一个完整且高标准的市场体系成为一项重要任务。随着数字时代发展步伐的不断加快，中国经济社会的发展更要迈向市场化、法治化、国际化新高度，营商环境也要与之保持高度适应，如何进行科学有效的生产要素配置，全面提高全要素生产率也成为政府部门，以及广大学者所关注的焦点。其间，全面完善法律体系、激励机制等成为重要的突破口，新质生产力也会随之形成，并实现可持续发展。

（一）创新实践活动的全方位开展

结合当今时代发展大背景和大环境，可以看出传统的经济增长方式和生产力的发展路径已经无法满足当今经济社会发展需要，应立足高科技、高效能、高质量发展目标，打造出适合当今时代新发展理念的生产力新质态，以此确保中国经济社会发展能够涌现出更多的新增长点。新质生产力的形成与发展以大数据技术、人工智能技术、物联网技术、区块链技术为基本技术要素，赋予生产要素数据化和智能化特征，进而确保社会生产力实现颠覆性的变革。但是，当前中国在探索全面助力新质生产力形成与发展道路的过程中，已经出现超级数字平台之间割裂市场的现象，主要表现就是通过流量来垄断或排挤其他市场主体，这样不利于新质生产力全面推进数字经济和实体经济的协同发展。具体而言，超级数字平台通常采取对外封禁屏蔽，对内自我优待的原则，一旦有其他中小型数字平台"擅自闯入"，超级数字平台就会依靠流量优势将其排挤出去，这样就导致一些中小型数字平台在进入该行业时，必须依附于某个超级数字平台，而超级数字平台之间并未能形成紧密的联系，就此导致该行业所处的市场环境出现明显的割裂现象，市场内部的数据并不能保持良好的流动状态，所形成的新质生产力难以对产业经济发展发挥有力推动作用。这就要求各级政府部门在全面加强数据反垄断过程中，强化数字平台之间始终保持高度的数据共享和互联互通状态，确保全国范围内的数据市场能够始终保持数据利益共治共享的状态。就目前而言，虽然中国已经全面出台了《中华人民共和国反不正当竞争法》，对数据不正当竞争的行为和惩处措施做出了明确的解释和规定，但随着时代发展步伐的不断加快，立法部门还需要结合不同的时代发展大环境与大背景，对数据不正当竞争的条款规则予以优化和补充，将数据垄断、数据竞争、市场优势地位滥用等相关条款纳入《中华人民共和国反不正当竞争法》，从而为国内市场建立完整且统一的不正当竞争监督管理规制，为新质生产力的形成与发展提供优质营商环境。

另外，各级政府部门还要全面发挥对数字营商环境中市场主体的激励作用，建立一套完整度较高和适用性较强的收益分配制度，以此确保数字营商环境内部的市场主体始终获得公平的市场收益。因为涉及新质生产力的产业通常具有高度的智能化、网络化、数字化特征，在生产经营过程中所用到的生产材料往往需要通过多方整合，这样就会极易引发知识产权争议，而传统的知识产权保护制度并不能确保利益方的合法权益不受侵害，长此以往不利于新质生产力的可持续发展。对此，中国各级政府应建立以收益凭证为载体的营商环境优化方案，并且要求收益凭证具有高度的统一性，由此方可保障数字营商环境中的市场主体具有正当性与相对优势。这里的"凭证"泛指"共票"，即数字时代背景下的全新数字权益凭证，其定义为中国原创，处于数字营商环境中的市场主体凭此权益凭证即可享受数据要素利益分配，这样可以对数字营商环境市场主体形成有效的激励作用。就现阶段而言，"共票"制度已经在部分省份开始实行，依然存在较大的完善空间，故而各省级政府部门应积极参与该领域的探索实践，并不断积累成功经验，确保"共票"体制在全国范围内实现高度完善，为新质生产力的发展提供理想空间。

（二）监管思想保持高度的先进性

中国在尚未开启中国特色社会主义新时代之前，有关创新发展领域的理论研究并不充分，同时在市场环境治理领域存在明显的复杂性，所以导致此前市场环境的监管工作存在"一刀切"和"一把抓"的现象，特别是在前沿科技创新领域的治理工作中，这样就会导致科技创新领域发展规范程度受到限制。随着中国特色社会主义新征程的全面开启，科技创新领域的发展必须保持在规范框架内进行。其间，要以全面建立中国自主知识体系为基础，针对独属于中国的"第五范式"原创性数字经济治理理论，建立一整套与之相对应的监督机制、管理机制、规则体系，力求对科技创新领域发展和数字经济发展大环境形成高质量监管。

另外，在当今科学技术飞速发展的时代大背景之下，科学技术研究停滞不前也会为国家经济社会发展带来安全威胁。因为在监管技术发展的空窗期，一些"披着科技创新外衣"的违法行为会蠢蠢欲动，如果监管工作未能将其进行有效识别，会对国家经济社会发展造成不可预估的后果。与此同时，政府部门也不能将这些本质上存在违法性质的科技创新行为彻底否定，还要尽可能对其进行正确引导，使其成为推动国家经济社会发展的重要力量。

为了更好地避免以上两种情况的出现，政府部门在对国家经济社会发展大环境进行监管的过程中，要不断优化思想，强调以正面引导和灵活监管相结合的模式来进行，从而杜绝"一刀切"监管模式的出现，这样不仅可以实现营商环境的法治化发展，还对新质生产力的形成与发展提供有力保障。

（三）科技维度立法工作的全面加强

从中国数字技术发展的实际情况来看，各产业普遍走上了与数字技术相结合的发展道路，进而也形成了与之相对应的产业发展模式，这为新质生产力的形成和发展提供了理想沃土。在这样的产业发展模式（特别是战略性新兴产业）之中，对运行环境进行监督和管理不免会存在某些薄弱环节，而这样的生产关系与新质生产力形成与发展并不完全匹配，主要表现就是对于市场主体的激励作用不够突出，引导市场主体正确面对政策风险的力度较小等。对此，中国政府在全面优化营商环境、促进新质生产力快速形成与发展的过程中，应该借助各种手段，逐步探索出与之相适应的监管模式，为营商环境的构建与发展提供更大的容错空间，让新技术、新材料、新工艺相关产业所覆盖的市场主体能够正视政策风险。在实现这一目标的过程中，全面加强科技维度的立法工作显然是明智之举，同时也充分突显出战略性新兴领域监管工作的法治化水平。

针对上述现实情况，政府部门要深刻意识到要鼓励专家、学者、相关从业人员广泛开展学术领域的研究工作，切实做到"产学研用"相协同，共同为优化营商环境，全面加快新质生产力形成与发展速度贡献更多研究成果。其中，既要包括新技术在各产业发展中的应用，还要包括战略性新兴行业的业务模式、知识产权保护策略、法律合规等多个方面，由此保障优化营商环境赋能新质生产力发展的理论成果更为丰富，为相关实践活动的高效率开展提供重要理论支撑。例如，各大高校可以与企业建立联合实验室，专门针对"营商环境与新质生产力"这一课题开展联合研究，共同为相关理论的切实落地进行实践探索，为政府部门高效优化营商环境，赋能新质生产力全面形成与发展提供重要的理论支撑。

政府部门在全面加强科技维度的立法工作中，顶层设计应以"中国数字经济治理体系"和"治理能力现代化水平"的同步提升为主要视角，将立法的侧重点集中在全局化、系统化、前沿化、实效化方面，确保根据已有的立法成果，不断加快对数字技术保护方面的立法进程，从而为中国科技创新领域提供强有力的法律规范。例如，在立法部门全面维护中国科技创新领域高质量发展的立法实践中，可将科技伦理条款作为重点关注对象，在充分诠释科技创新伦理原则的同时，形成一整套管理体制、规范和标准、审查与监管制度，有效提升中国营商环境的法治化水平，保障新质生产力的全面形成和高质量发展。

针对各区域的立法实践工作而言，政府部门要联合立法机关，在"数字技术赋能公共服务和社会治理"方面进行深入探索，确保为广大市场主体打造理想营商环境，赋能新质生产力全面发展，做到政府部门和行业主管部门始终以"一切为了人民"为理念，全面实现各项科技创新成果全民共享。例如，政府部门为了全面提高政府公共服务的能力与水平，探索出"区块链＋公共服务"的政府服务工作体系，力求广大市场主体通过特定的服务平台在最短时间内获得有效帮助，而立法机关则要对政府服务数据的安全性、真实性、完整性开展立法工作，这样既能促进政府行政效能、公共服务水平的不断提升，直接加快当地营商环境法治化进程，为战略性新兴产业健康发展提供理想的法治环境，还能为当地新质生产力发展提供强有力的法律保护。

第五节　以国际化营商环境规则为赋能新质生产力发展的保障

从经济社会可持续发展的角度出发，营商环境的国际化程度越高，越有利于国外优质资本进入国内，更好地加快中国经济社会发展的进程，从而为中国新质生产力发展提供强大的推动作用。就当前而言，中国营商环境的国际化水平正在不断提升，在世界银行评价指标体系中，各项指标的全球排名也在逐年提升，由此让更多的外商将打开中国市场视为战略发展的主要目标，这不仅有效提高了中国市场的活跃度，还为国内新质生产力发展注入了更多的外部推动力量。结合世界发达国家的营商环境，不难发现国内营商环境还有较大的提升空间，如进一步消除隐形壁垒、全面提升国外项目投资主体的平等待遇等。针对这些方面，建立一套完整度较高、能够与国际规则相匹配的制度体系成为中国全面优化营商环境、赋能新质生产力又好又快发展的关键。在实践操作过程中，政府部门的具体思路如图4-5所示。

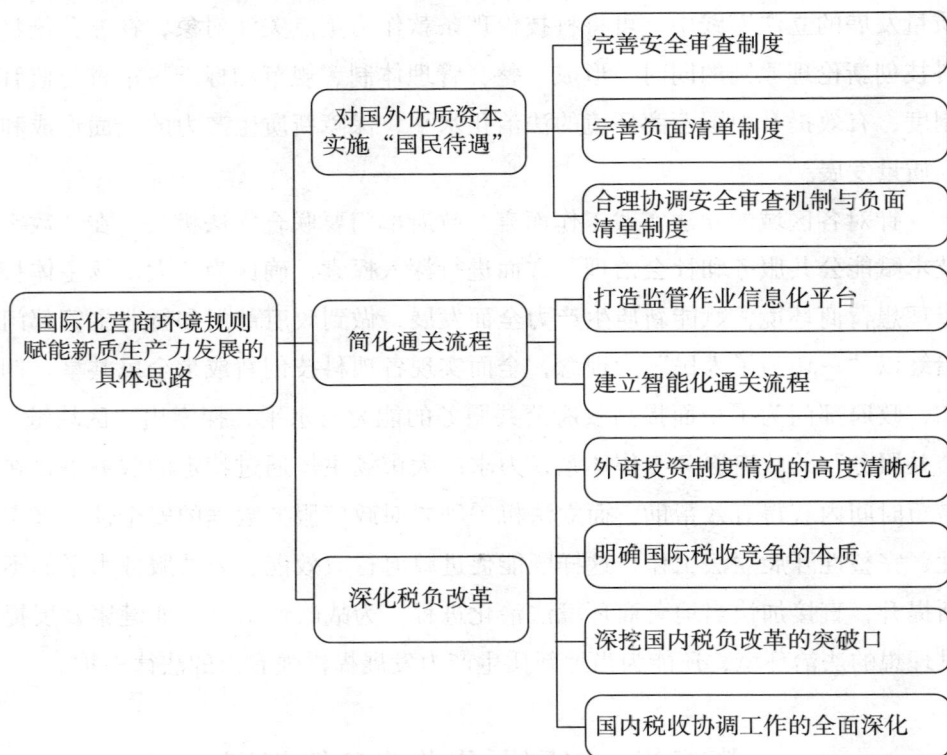

图4-5　国际化营商环境规则赋能新质生产力发展的具体思路

一、对国外优质资本实施"国民待遇"

落实好外资企业"国民待遇"，促进公平竞争，保障外资企业依法平等参与政府采购、招标投标、标准制定。不断贯彻金融、医疗、健康、电信等重点领域扩大开放的要求，取消先进制造、化工等制造业重点领域外资准入限制；尊重国际营商惯例，鼓励内外资企业同台竞技，给外商投资者以稳定的发展预期与充足的信心。

（一）完善安全审查制度

1. 完善安全审查制度启动程序

全面确立外资安全审查制度的最终目的主要体现在两个方面：一是全面推动国家经济与社会的快速发展，二是确保国家经济与社会发展过程中的安全性，确保国家经济与社会始终处于又好又快的发展状态。在确立并运行外资安全审查制度的过程中，社会营商环境也会在无形中得到有效优化，让更多国外优质资本真正为国家经济与社会发展发挥服务与带动作用。有一点需要政府部门高度重视，即外资安全审查制度的确立过程必须以国家经济与社会发展的实际情况为出发点，在持续推动改革与对外开放的前提下不断对安全审查程序进行有效完善，这样才能确保营商环境与国家经济发展的新形势高度匹配。

在明确外资安全审查制度的基础上，政府部门要围绕外企投资打造出较为理想的营商环境。在这里，具体操作应该从两个方面入手。一方面，中国投资商要以直接或间接的方式参与外商投资活动，并且要拟定出参与外商投资的国内投资方启动安全审查程序的具体方案。针对中国投资商直接或间接参与外商投资而言，应赋予中国投资商对外商投资进行安全审查的权利，由此确保当事人可以对外商投资的安全性进行初步鉴定，这样可以有效降低外商投资过程对本国经济与社会发展带来的风险。当中国投资商确定外商投资的目的对中国经济与社会发展并未带来威胁的基础上，中国投资商要将安全审查的具体材料上报至政府有关行政管理部门，并由后者进一步安全审查。另一方面，中国投资商在进行首次安全审查工作之前，不仅要向有关部门了解资料明细和审查条件等相关事项，还要对安全审查前的协商程序予以高度明确，以此来确保第一次安全审查的高效性。具体而言，中国投资商可以将外商投资企业的相关证明材料、安全审查问题清单先提交至有关行政主管部门，从中了解到外商投资企业在投资过程中应该注意的具体事项和存在的具体问题，这样中国投资商可以在第一时间了解外商跨国投资的主要目的，以便更为高效开展安全审查工作。另外，该操作也可以帮助中国投资商和外商建立一个良好的沟通交流平台，确保安全审查的协商程序能够发挥出最大的作用与价值。在这里，还有一点需要高度重视，即协商程序参与双方可就实质性问题，如对于外商在国家安全方面所产生的威胁，以及如何消除这些造成安全威胁的因素等问题，通过相互沟通交流的方式化解，外商投资者在沟通交流的过程中会结合自身的实际情况提出相关的建议或意见，中国投资商将合理的部分予以采纳会促使安全审查的通过率得到有效提升，并且为国家经济与社会的发展注入新力量。

2. 补充附条件减缓协议制度

国家在针对外商投资的安全审查立法中，保持促进外商投资的开放性与维护国家安全之间的平衡稳定是目标和方向，不能仅仅因为有可能对国家安全造成威胁而盲目地对外商投资加以限制，国际上已有一些国家采纳附条件通过的减缓协议制度作为本国的一种外资安全审查制度。这样既可以促进投资，也可以提升投资的自由化程度，还可以让一个国家获得相对的控制权，从而在一定程度上保护自己的主权。减缓协议就是外资企业在外资安全审查程序期间，与东道国的外资安全审查机构所签订的对于各种条件和要求达成一致的合同。这是为了鼓励外国投资者的投资行为持续推进，同时在投资行为开始前就消除这一行为给东道国国家安全所带来的潜在威胁。在审查程序开始之前，美国就明确地鼓励外国投资者咨询美国外国投资委员会。在此期间，美国外国投资委员会可和投资者就所确定的风险因素进行协商，以便运用非正式磋商来调整该投资行为或者是设置约束该投资行为的一些要求。

政府行政部门和行业主管部门在正式进行审查工作之前，应建立完整的非正式协商程序，力求为后续安全审查工作争取更为充裕的时间。在此之后，政府部门和行业主管部门在所进行的安全审查工作中，应对减缓协议快速达成一致，从而让各项必审条件和附加条件顺利通过审查，以达到快速吸引国外优质资本的目的。政府部门在未来优化营商环境、促进新质生产力全面发展的过程中，针对国外资本的安全审查应作为一项重要补充，让安全审查的作用得以充分发挥，做到减缓协议中安全审查先决条件和特定条件更加清晰且明确。可是，由于这些条件通常会涉及战略性新兴产业或特殊的产业，所以这种对外的缓和协议或协定制定之后，必须提交国务院，审议通过之后方可由地方政府执行。在国外资本的减缓协议（相关协定）修改或调整方面，国家有关主管部门要做到第一时间对修改和调整后的协议或协定内容予以行政审查，如果行政审查的最终结果并无任何问题，那么安全审查程序可以就此终止，减缓协议随之启动。如果行政审查的结果显示修改后的协议或协定对国家战略性新兴产业、重点领域、基础设施的发展构成一定安全威胁，那么有关部门则要为国外资本持有者提供调整减缓协议（相关协定）的机会，要求其在规定的时限内与有关部门共同商议完成，直至达成一致。另外，肩负安全审查工作的有关机构还应对减缓协议制定的全过程进行监督，并且对国外资本持有者的行为进行全要素分析，不能只针对国外资本持有者修改和调整减缓协议或协定的内容与结果进行审查，更要对其修改和调整的动机予以审查，一旦发现国外资本持有者投资行为对国家战略性新兴产业、重点领域、基础设施发展会形成潜在威胁，安全审查机构则要根据情况，启动安全审查程序。

3.明确安全审查制度中的具体规定

法律条文应保持清晰规范的表述，这是确保公众正确理解法律条文的根本，安全审查制度也是如此。该制度做到法律条文的清晰化和规范化表达，不仅可以确保外商正确理解本国投资的基本要求，并且让其对长期投资具有足够的信心，还能使其体会到法律条文有助于自己编制出更为系统的投资方案。针对于此，中国在对安全审查制度进行系统化规定的过程中，要从学术和法律两个层面对重要概念做出界定，并要对容易产生歧义的条文做出具体解释。在这里可以通过概念外延的方式来解释。例如，在对"基础设施"这一概念进行界定的过程中，要先从基础设施的作用和意义入手，将"具体指的是什么"予以明确，然后要具体举例说明主要包括什么。这种定义的形式更加清晰，有利于概念的界定更加具体，还有助于中国在进行安全审查工作时拥有较为明确的依据。此后，要对安全审查制度中与负面清单制度相重合的部分进行有效处理，导致这一情况出现的原因并不复杂，其根本就是规定的范围过于宽泛，因此有关主管部门要明确外资企业在投资过程中哪些领域的投资和哪些方式的投资不被允许，哪些投资应该保证中方控股等，并且要对其概念做出相关界定，最大限度避免概念之间存在容易混淆和相互重合的风险。另外，针对显性的立法原则，有关部门要做到每一条法律高度细致、具体，并且与国家发展和国家安全相关的信息要做出明确的解释，如金融领域、教育领域、战略性新兴产业等，都要对具体法律法规的细化程度予以不断加强，还要注明相关的配套措施，这样方可在外资企业对本国投资时，确保国家经济与社会的安全发展。

4. 实施有效的监督程序保证程序正义

所谓救济程序，其实质就是在完成安全审查程序并做出相关决定之后，接受安全审查的投资方对安全审查决定存在异议，或者不能接受安全审查决定时所进行的一道程序。当今世界各国的安全审查监管方式存在明显差异，如果外资企业对国家安全审查的最终结果不能持有满意态度，有些国家支持外资企业向投资国的行政法院提起诉讼。一些国家负责安全审查工作的主管部门也存在一定的不同，所以在进行安全审查工作时，所立足的角度也存在明显不同，这就导致外资企业很难对安全审查的结果持有满意态度，但行政法院有权对本国安全审查部门所做出的决定予以否决，这就是救济程序启动的一种表现形式。另外，还有一些国家的救济程序既可以在安全审查结果正式形成之后启动，也可以在发现外资企业违反安全审查程序相关规定时随即启动。这种救济程序的实施过程通常可以将安全审查机构起诉至投资国的最高法院，因为这些法律机构往往对本国外商投资安全审查制度的制定与实施起着监督作用。在启动该救济程序之时，最高法院要以确保本国安全为根本前提，同时要以保障外资企业合法利益为根本目的。由于审查机构对于外商投资行为的目的并不能做到完全明确，所以此时最高法院就要对审查机构职权使用情况和审查过程进行全面溯源，同时要有针对性地采取补救措施，以此来保障外资企业的投资热情不受打击。中国在全面优化营商环境的过程中，也应该根据其他国家安全审查有效落实救济程序所取得的成功经验，针对无法接受安全审查决定的外资企业予以一定程度司法救助，或者允许其向有关行政主管部门提出复议和诉讼，这样不仅可以确保外资企业在国内投资的热情不减，营造出理想营商环境，还能确保国内新质生产力的快速发展。

（二）完善负面清单制度

对负面清单进一步完善，可以为国内外投资企业创造一个公平竞争的投资环境，持续提高对外资经营管理的公正性和透明度，也可以使国内的投资活动更加自由和便利。在当前国际投资的大环境下，中国正在稳步发展，每年都会修订和发布外商投资的负面清单和市场准入负面清单，放宽对外商投资者的市场准入限制，减少禁止投资领域，这样既可以保证外商在中国的投资所获得的利益和投资前景，又可以使国内市场更加吸引外商投资者，也起到了激发中国市场活力、推动中国经济进一步发展的作用。

1.科学修订负面清单

在确保负面清单制度具备高度的公开性、平等性、透明性的过程中，政府部门单纯依靠制度本身往往并不能达到预期目标，这就需要政府部门根据实际情况，适当采用相匹配的措施，将其他相关法律法规和相关政策做出调整，以此形成一套科学的外资企业准入负面清单，以及市场准入负面清单。特别是中国在经济和文化领域对外开放程度不断提高的时代大背景之下，随着外资准入的条件不断增加，与之相对的负面清单范围正在不断缩小，而这也意味着在编制负面清单的过程中，不能放松警惕，必须将编制和修改负面清单的主体与过程进行慎重考虑，既要考虑中国经济发展的大环境，也要充分考虑国家经济发展的大趋势，由此才能确保负面清单保障国家经济健康发展。另外，在确定负面清单修订的主体方面，要做到对影响国民经济发展的重要产业实际发展情况，以及生产经营所遇到的实际困难进行全方位了解，同时要结合企业所存在的实际困难向有关专家学者进行咨询，以此来确保负面清单具体条目的修订不会对目标行业的经济效益造成不良影响。与此同时，要借鉴其他国家所总结出的成功经验，经过有效转化之后科学合理地运用到负面清单制度的修订过程之中，做到负面清单制度所处理的问题真正在市场运行和发展的维度下进行，以此为外资企业提供一个较为理想的制度环境。

2. 重视特定领域的投资风险

负面清单在不同地区和不同产业中的开放程度存在明显差异，因此修订负面清单的主体要结合所在地区的行业发展实际情况，对负面清单的具体内容做出慎重考虑，确保其具有较强的适用性。在这里，修订负面清单的主体不能只参考其他地区或相关行业负面清单修订的原则和内容，通过生搬硬套的方式最终形成一套负面清单，而要立足本地区行业发展的优势、机会、劣势等多个方面，对于事关民生和战略性发展领域的行业要保持高度谨慎的态度。例如，虽然在新版的负面清单中，关于金融、汽车等领域国家已经采取了一定的开放措施，为国外投资商提供了广阔的发展空间，但这些领域事关中国经济未来的发展，所以各地区在修订负面清单时，要做到以高度谨慎的态度对内容进行修订。又如，近年来，国家在金融领域取消了对外资企业的一些限制，并且在《外商投资准入特别管理措施（负面清单）（2021年版）》之中，第八条明确规定了未列入外商投资准入负面清单的一些行业，包括文化、金融等领域，并且对相关的行政审批和国家安全审查工作也做出了系统性强化。虽然国家在一定程度上提高了金融业外资企业股权占有的比例，但在2022年的外商投资准入负面清单中，对于金融控股公司的具体监管措施也有体现，也就是说国家继续对银行、证券、期货、保险、基金等领域的外资企业进行了更为严格的监管，明确规定未经国家有关部门的批准，不能改变其股权结构。这样就使得国家外商投资大环境得到持续优化，特定领域的投资风险降到最低，从而促使国家经济与社会始终处于可持续和高质量的发展状态。

这意味着在目前国际产业链供需紧张、产业技术转型加速、制造业发展格局发生巨大改变的重要时刻，中国制造行业的竞争压力可以得到一些缓解，同时随着全球形势的发展，有风险也会有机遇，中国可以把握的机会也会更多。对外商投资开放空间可以促使制造业技术研究需求、产业升级需求、吸引外资需求、国内产品需求得到满足，产品质量得到进一步提高。在减少负面清单的内容时，要兼顾各个行业的发展情况，尽可能地调整完全禁止的项目，可以逐步取消限制性的项目，并在此基础上，对各个产业竞争力进行综合评价，并有针对性地对外开放。在新的高层次开放经济体系中，要尽量避免草率地放开一些涉及国家机密的领域，如基础设施、关键技术产业等方面，以免造成不必要的损失。同时，要注意地理位置、产业和经济发展的差异，差别化地管控不同性质的行业领域，本国产业比较发达、涉及国家安全的产业应该对于外资进入加强制约，无关国家安全和核心技术的行业领域，可以适当放松甚至取消对外资的限制。

3. 明确外商投资准入负面清单具体规定

政府部门在全面加强优质国外资本进入国内市场，推动国内新质生产力全面发展的全过程中，对于国外投资商准入的负面清单必须加以明确规定。其中，必须将语言表达的明确性和准确性放在首要位置，不仅要保证各项规定清晰易懂，还要避免文字漏洞的存在，使其具有较高的法律效力。这就要求政府部门在制定外商投资准入负面清单的过程中，必须结合国内相关法律条文，以此来保障该清单制定过程具备较强的法律基础。例如，在《外商投资准入特别管理措施（负面清单）（2024 年版）》中部分条款的模糊性可能会导致国外资本根据某项规定中存在的漏洞进入国内，对国内经济发展的大环境造成不良影响（如侵犯知识产权等），进而也会对新质生产力的形成与发展造成一定不良影响。对此，政府部门在制定《外商投资准入特别管理措施（负面清单）》的过程中，应该对相关的规定与核心概念有一定程度延展或补充，使其能够对具体的规定和概念做出相关解释和说明。另外，针对容易引起歧义的相关规定，政府部门在正式颁布外商投资准入负面清单具体规定之前，还要从法律层面和学术层面做出相关解释，为后期的推行和具体执行过程有效避免不必要的风险打下坚实基础。这为优质国外资本更好地促进国内营商环境的发展，加快国内新质生产力的发展步伐提供了有力保障。

（三）合理协调安全审查机制和负面清单制度

1.平衡负面清单模式下安全审查的促进投资和维护安全

中国可以借鉴国外的经验界定外资安全审查的考虑因素，先将相关概念概括为"国家安全"，并不对其进行明确的定义，使中国在国家安全方面审查时能够有充分的自由裁量，这样对于维护中国国家产业、经济安全都是有好处的，还能确保投资相关的法律法规、政策文件具有弹性。过于宽泛的规定同样会降低投资者的投资热情，所以也有必要站在投资者的角度思考。国外投资者能够清楚意识到中国重点关注的战略资源以及关键行业，中国也要提醒国外投资者在进行投资时的注意事项，在法律层面将审查过程需要考虑的对国家安全有影响的因素也要做出明确、具体的规定。这样一来，在维护国家安全的同时，也使国外投资者更为清楚地预见安全审查和投资行为中出现的情况，避免了不清晰的审查标准所带来的投资者投资失败、不利于中国经济发展的风险。

有关部门有必要在进行概括性的审查时应考虑的因素基础上，进一步制定具体的执行规定，明确兜底性的底线条款。比如，制定"重点、军事敏感设施及其周围企业"的具体解释和规定，明确其适用范围，并根据实际情况随时对考虑因素进行调整，以实现对军事设施等投资审查工作的可操作性、动态性。同时，对于必须进行审查的一些产业，如通信、军事、军用航空和油气工业等要进行一一列举。考虑因素应该与国际发展情况和产业或企业的竞争能力相适应，以防发生新的情况导致不能对不在法律规定范围内危害国家安全的投资进行审查。在对外资进行国家安全审查的过程中，应注意下列因素。①外商投资会影响到本国国防产业、工业或国防安全，如资源、技术。②外商投资活动有可能被外国政府控制或代理。③外国投资有可能以中国的核心、关键基础设施为目标。④外商投资活动有可能获得中国的尖端机密科技。⑤外商投资行为可能会给中国带来消极的影响。除了以上所述，"国家安全"这一概念不能制约一般的普通外商投资活动，如绿地投资、合并和收购，这些投资行为应当被准许和鼓励。

2. 扩大负面清单模式下安全审查范围覆盖面

第一，将新兴产业纳入外资审查范围。国家经济与社会的发展并不会始终保持一帆风顺的状态，会受到一些不可抗因素所带来的影响，如果一些产业在不可抗力的作用之下，偏离了负面清单所包含的具体情况，那么就会导致国家经济和社会在后期的发展过程中受到威胁。这就需要政府部门对于特定行业的外商投资加大安全审查和监管的力度，将与特定行业相关的领域纳入安全审查的范围之中，从而为特定行业的发展提供保护。例如，随着中国科学技术发展步伐的不断加快，未来依然会有诸多新兴技术相继出现，如网络安全技术、能源储备技术、人工智能技术的创新发展。这些领域在受到不可抗力的影响之下，发展速度会放缓，一旦国家有关部门减小对于国外相关投资企业的安全审查力度，让本身具有安全风险的投资企业进入国内市场，那么会对中国这些领域的未来发展造成安全威胁。这就需要政府部门对进入安全审查范围的外商投资进行不断补充和完善，以此来确保中国营商环境整体质量不会因各种因素的出现而发生改变。

第二，增加第二类负面清单内容兜底。外资安全审查制度并非所有情况都能顾及、所有问题都能解决，一些用配套措施来细化实施的准入措施应用于实践方面能够更加高效可行。持续缩减负面清单这一举措，虽然利大于弊，但是也有可能使其不能涵盖全部关键行业，造成国外投资者和国外资本流向敏感行业进行投资，影响国家安全，因而必须对今后可能出现的一些行业采取限制。能够预见的是，在将来，新行业、新部门会以几何倍数大量增加。所以，对于将来可能产生的新行业和新部门，保持一定的管理和控制能力，这是非常有必要的。例如，虽然医疗行业和医疗设备产业并不是新兴领域，但在不可抗力的作用下，有些国家为了保护医疗行业和其他战略性关键产业，还是加强了对外资的监管，加强了对此类行业的外资安全审查，同时实行了其他的干预措施，禁止医疗器械的出口等。中国现在和将来都有必要制定第二类负面清单帮助做好全面的外资审查保障工作。中国外商投资负面清单有权对还没有出现或者发展起来的新行业和更加敏感的行业采取限制和管理措施，同时应该将那些有可能再次出现投资行为的外资公司单独或联合列明。中国在今后的投资法规谈判中，关于投资准入的相关举措将会是一个很大的考验，可在重点行业和敏感行业，如制造业、金融业、租赁业、商务服务业等行业中，优先开放，再加以限制，并在第二种负面清单中明确具体说明这些管控措施，以使今后的负面清单制度更加弹性和高效。

二、简化通关流程

一方面，充分发挥信息科技作用，打通海关、国税、银行等之间的信息壁垒，实现信息共享，实现"让数据多跑路，让群众少跑腿"；另一方面，广泛利用移动终端推广提前申报，缩短现场等待时间，进一步缩短通关时间，为国际贸易提供切实的便利。

（一）打造监管作业信息化平台

一是组织精干力量，在对现场监管各环节流程认真梳理的基础之上，尽快建立包含监管指令下达、接收、处置、结果录入、监管资料上传、监管建议反馈等在内的各个作业环节，逻辑完整、链条清晰的现场监管专业信息化平台，实现现场各环节操作的智能化、便利化。二是加快信息化系统建设。加强监管信息化系统与查验、删改单、退补税、担保等通关子模块的互联互通，打通障碍，提高效率，实现后台批量审核关员、现场监管关员、现场综合业务岗位关员、职能管理处室人员的快速、紧密和实时业务联系，真正实现现场监管的科学化、集约化。三是优化完善平台功能。结合监管作业实际，增加归类、审价、原产地等功能模块，增加远程交互功能，通过网络视频、电话等形式与专家进行实时连线，对于审核工作中难以判定的问题联系有关专家进行诊断。

（二）建立智能化通关流程

一是加强科学技术在监管作业中的运用。将远程可视化技术用于现场监管作业，特别是运用到开展磋商的过程中，突破时间、空间的限制，解决管理相对人，特别是异地企业与海关沟通不及时、不充分、来回往返、效率较低等问题，支持企业利用远程视频、音频、电子文件传输等多种方式提交监管作业所需资料，顺应"互联网+"时代发展要求，创新驱动海关作业"新常态"。

二是继续扩大无纸化作业范围。加快推进监管电子数据联网进程，实现无纸化，降低管理成本，释放人力资源，把监管岗位人员从简单繁复的工作中解脱出来；加速无纸化建设，利用电子单据代替纸质单据，减少纸质报关单的数量，实现许可证件联网核查，通过风险参数控制，在作业系统中实现许可证件的智能比对，自动核扣，减少此类单证的监管比例，降低行政成本，提高通关效率。

三是建立全景信息数据池。依托风险防控中心、监控指挥中心、网上办事大厅等平台，利用大数据、云计算等先进技术，把零散的业务数据进行加工整理，构建包括归类、审价、原产地、加工贸易单耗、查获案件等业务信息，风险、统计、企业信用、法律法规文件等管理信息，商品知识、大宗商品价格行情等外部信息的具有本关区特色的、业务门类齐全的海关动态数据池，提高数据查询便捷性和有效性，为现场监管作业及其他监管工作提供全方位的信息支持和决策依据服务，实现数据增值。

四是尽快配备各类监管科技设备。加快采购定制海关监管移动查验单兵设备，包括多功能执法记录仪以及数据处理工作站，让一线海关关员在查验时有足够的信息化设备支撑其实施具体监管行为。当收到查验命令后，关员不用像以往携带大量单证人工填写，而是直接携带查验装备前往目标地点执行检查，在设备上完成查询、录入、取证、开单等监管全流程。打通海关总署移动查验作业系统的数据壁垒，与每一台智能移动单兵终端连通，关员查验时可以通过系统获取数据，在单兵设备上直接调取货物信息、查看布控指令。依靠数据化设备，海关关员不用回驻地，查验工作即可完成，不仅可以缩短查验时间，还能提升查验的规范化和标准化，提升总体监管质效。

三、深化税负改革

就影响市场主体发展可持续性和激发创新动能的基本条件而言，税收红利是至关重要的。对此，在当今社会全面优化营商环境，不断加快新质生产力发展的过程中，政府部门必须将持续加大减税降费力度视为重中之重，确保广大市场主体在技术升级、难点攻关、人员培训、开拓市场方面的资金更加充足，市场核心竞争力也随之得到有效提升。这也意味着中国在全面优化营商环境，促进新质生产力发展方面必须从强化国际税收竞争这一角度入手，具体操作应该着重考虑以下几个方面。

（一）外商投资制度的高度清晰化

中国作为发展中国家，在市场的成熟度方面还有较大的提升空间，具体表现就是在市场准入制度上，对于国外资本还有较多的限制，其中就包括对外商投资银行的限制、利润汇出的限制、股权限制等。这些限制的存在导致中国在外资融资领域需要付出更多的成本。所以，中国政府必须在外资引入的成本方面进行大力度补贴，也就是说政府要从经济上与行为上进行干预，干预的方法与手段就是在税收政策方面大力加强，让外资企业能够感受到中国市场在资本投入方面有着充足的税收优惠。这些税收优惠政策通常不会与税收中性相冲突，因为对外商投资所提供的特定税收优惠都是在国际市场公平竞争原则下进行的，这样对于国家经济的发展可以起到促进作用。

（二）明确国际税收竞争的本质

在激烈的国际竞争大环境下，如果国际市场的竞争存在不完全性特征，交易成本也会随之形成，那么外资企业的投资项目通常会在大国落户，久而久之这些大国就会形成市场垄断，这些大国通常可以为外资企业提供"特定区位的租金"，使其获得生产者价格。这些具有市场垄断性质的大国会对这些外资企业征收利润税，外资企业投资规模越大则这项税费的征收额度也会越高，对于国家经济发展也会起到重要的推动作用。另外，如果外资企业在当地能够获得特定区位相关的纯租金，那么外资企业所在地的政府部门有权提高相关税率，这作为一种有效的征税手段，并不会对外资企业产生驱逐效应，因为外资企业所获得的特定区位纯租金通常源自产业集群发展、特定制度、劳动力资源、自然资源等，这些优势条件给外资企业带来的经济效益要远远大于纯租金，所以相对较高的税率通常会被外资企业所广泛接受。中国在全面优化营商环境，促进新质生产力发展的过程中，完全可以立足国内市场规模和投资环境，适当为外资企业提供具有普遍优惠的政策和做法，让其能够在市场结构范围之内获得更多的税收政策优惠，这样不仅有助于中国税制原则的进一步优化，还能提高中国自身在国际税收竞争中的优势。这里需要强调，政府必须做到全面而又客观地分析具体区域的产业发展和经济发展政策环境，由此才能保障税收中性和税收非中性的有效结合。

（三）深挖国内税负改革的突破口

如果一个国家的税收工具不具备可用性限制，那么政府部门就需要搭配使用多种税收工具，这样才能最大限度降低本国在经济福利方面的损失。特别是在进行财政收入分析时，政府部门需要对资本的流动性做出合理限制，这样才能保障当地税收尽可能不受国际税收竞争的影响，市场和区域经济发展的平稳性也会最大限度得到保障。由此可见，税收对于投资流动性的影响往往并不能起到决定性作用，政府部门只要做到多种相关条件的有效配合，市场的流动性不仅不会降低，反而会不断提高。所以，中国在全面优化营商环境，促进新质生产力全面发展的过程中，可以立足政府宏观调控的具体政策，并且合理搭配相关的税收工具，让税收优惠政策的有效性变得更加明显，市场本身的经济效率也会随之呈现出理想化，在市场内部投资流动性的带动之下，新质生产力也会纷纷涌现。

（四）国内税收协调工作的全面深化

国际税收竞争环境会造成国家产生水平和效率较低的公共支出，这些公共支出通常用来改善国家的整体投资环境，提高市场内部人力资本的生产力，投资者的利益也会实现最大化。如果一个国家的公共支出的水平和效率较低，就会制约市场内部生产力的发展。国家一旦通过降低税率来提高自身在国际税收竞争中的优势，对于国家经济发展也会造成严重影响，这种方法在提高国内市场流动性和交易频率方面并不可取。对此，中国在全面优化营商环境、促进新质生产力的全面发展的全过程中，需要通过协调国际税收的方式来提高公共支出水平，这样让更多的优质资本能够转化为先进生产力，不仅能有效规避国际税收恶性竞争，国家经济也会又好又快发展。

第五章 营商环境赋能新质生产力发展的路径构建

第一节 先行示范：紧抓先行示范并逐步对营商环境的关键变量予以有效把握

从优化营商环境赋能新质生产力发展的全过程中不难发现，这一过程既要有明确的目标和方向为基本前提，还要有明确的方案和措施为重要支撑。在实践过程中，上述条件的形成需要经过反复多次的试行和推敲，最终总结出优化营商环境、赋能新质生产力快速形成与发展的成熟方案。这就需要针对性建立先行示范区，从中找出并有效把握营商环境的关键变量，具体实践的技术路径如图 5-1 所示。

```
                    营商环境赋能新质生产力发展的
                           先行示范路径
        ┌────────────────────┬──────────────────┬──────────────────┐
   科学规划并积极落实优化      准确找出营商环境的      有效把握营商环境的
   营商环境先行示范区的规       关键变量            关键变量
   划与建设举措
   ┌─────┬─────┐                        ┌────┬────┬────┬────┬────┐
   科学   积极                          土地  水电  金融  监管  信用
   规划   落实                          等要  燃气  部门  部门  监督
   营商   深层                          素环  等公            部门
   环境   优化                          境主  共服
   先行   营商                          管部  务部
   示范   环境                          门    门
   区    具体
        举措
```

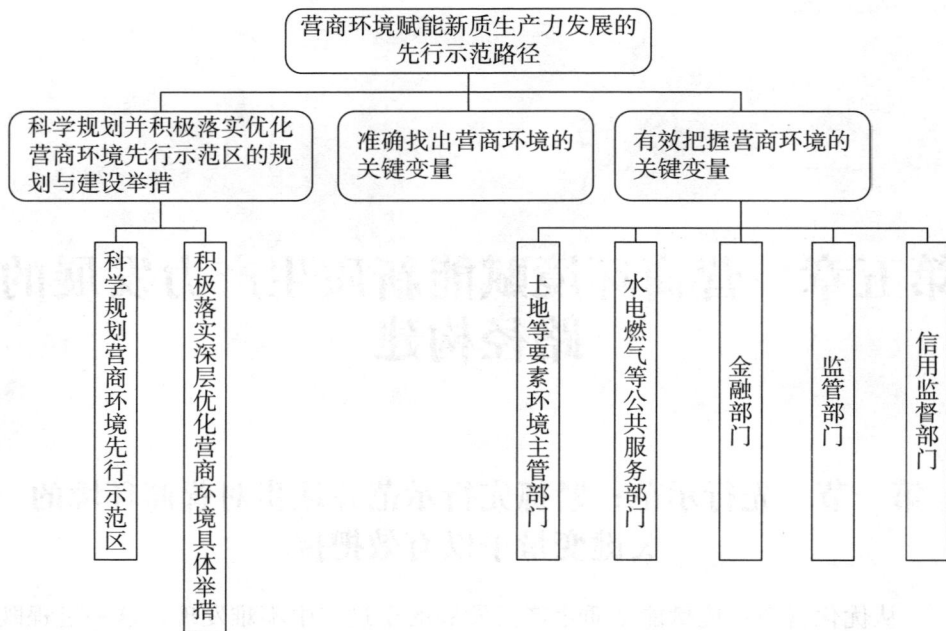

图5-1　营商环境赋能新质生产力发展的先行示范路径

一、科学规划并积极落实优化营商环境先行示范区的规划与建设举措

（一）科学规划营商环境先行示范区

1.明确营商环境先行示范区规划的总体要求

由于营商环境的构建与优化直接关乎生产力的发展，特别是在当今科学技术飞速发展的时代，营商环境的构建与优化直接影响新质生产力的形成与发展，所以科学规划营商环境先行示范区必须先明确区域规划的总体要求。在此期间，要确立"创新引领、示范带动"的主体思想，强调以思想破冰来引领新质生产力发展突围，推动区域经济与社会的高质量发展。在这里，政府部门还要高度强调通过准确找出"小切口"的方式，逐渐加快区域营商环

境实现"大变化"的步伐，力求区域产业化发展能够迈上新高度。其中，不仅要全面深化营商环境事项的改革与创新，在有效降低交易成本的基础上，让极简化的办事流程助力企业有更多时间、更多精力、更多资源探索新质生产力，还要通过大力培育和发展市场新主体的方式，不断激发和释放区域市场主体的活力，确保理想的营商环境能够成为区域经济发展的动力。

2. 确定营商环境先行示范区的整体规划目标

营商环境先行示范区建设的最终目的，就是通过在指定区域的不断尝试，最终确立一整套"优化营商环境、促进新质生产力高速发展"的可行性实施方案，为其他区域营商环境的整体优化积累成功经验。对此，在科学规划深层优化营商环境先行示范区的过程中，必须严格遵照"先行先试""单项突破""率先引领""总体提升"的先行示范区建设思想，分别确立以先行示范区单项突破促进区域整体联动的近期规划目标，逐渐打造一批具有可复制性和可推广性经验样板的中期规划目标，全面完成全域营商环境优化任务并全力加快新质生产力发展进程的中长期规划目标，从而确保先行示范区生产关系和生产力的发展始终处于理想状态。

3. 确定营商环境先行示范区规划的范围和具体责任

营商环境先行示范区的规划是一项具体工程，主要体现在不仅要有明确的总体要求，以及具体的规划目标，还要对先行示范区的范围进行科学划定，从中明确先行示范区优化营商环境过程中的具体责任划分。其中，在区域范围的划定上，要结合区域经济发展的现实情况，在政府所辖范围内确定不同级别的试点和具体数量，如国家级先行示范区试点、省级先行示范区试点、市级先行示范区试点等。在先行示范区优化营商环境过程中的具体责任划分方面，要高度明确所在地区的政府营商环境办公室的主体性，以及其在先行示范区建设过程中的统筹和协调作用，从而对先行示范区建设过程中的试点创建工作和创建验收工作提供有效指导。另外，政府直属的相关单位要对营商环境办公室所确定的统筹协调方案予以大力配合，负责各级试点建设和创建验收工作的具体实施。

4. 规划营商环境先行示范区创建的基本流程

在政府部门规划营商环境先行示范区全过程中，在做到高度明确规划的总体要求、确定整体规划目标、区域范围、具体责任的基础上，要规划出先行示范区创建的基本流程。其中，不仅要包括具体的阶段性任务，还要对各个时间节点和工作内容作出系统规划，完整的区域营商环境先行示范区创建流程如图 5-2 所示。

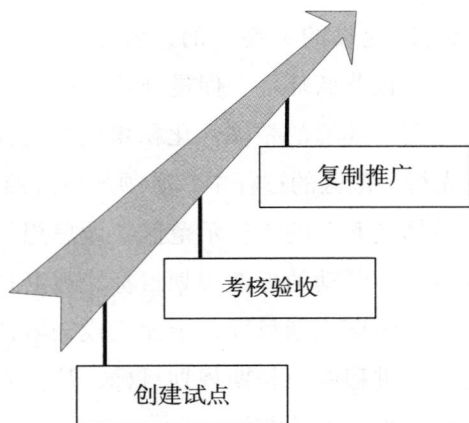

图 5-2　营商环境先行示范区创建流程

营商环境先行示范区创建流程的三个重要阶段，所涉及的工作内容不仅包括由哪个部门牵头、由谁领导、由谁落实具体工作，还包括在不同阶段完成的目标。由此可见，该流程本身具有明显的"系统性"特征。具体而言，在创建试点的阶段，营商环境办公室要始终发挥牵头作用，要以所在地区政府为领导，各责任单位要根据先行示范区经济与社会发展的大环境确定试点清单，并由各责任人亲自挂帅，明确试点建设工作各个细节责任人，从而达到不断优化该区域营商环境和激发市场主体活力的阶段性建设目标。与此同时，先行示范区政府部门要及时与上级直管部门对接，按照指导建议不断完善试点创建的标准和工作要求，从而确保试点建设工作成效的最大化。在考核验收阶段，各级政府部门要明确具体的任务分工，积极配合上级主管部门对先行示范区试点的验收工作。其间，要由所在区域的营商环境办公室牵头，以上级直管部门为领导，对先行示范区试点创建的各时间节点、所采取的举措、所取得的成效进行反复核验，最终由上级直管部门负责出具考核验收报告，由直管部门负责人向所在区域营商环境办公室提供先行示范区试点推荐名单。在复制推广阶段，依然要由所在区域的营商环境办公室牵头，以所在区域的政府为领导，组织开展各地、各部门经验分享交流会，将经过实践检验后的成功经验进行广泛收集、归纳、整理，并由各地、各部门负责人挂帅，将成熟的经验进行统一推广（如采用经验推介会等形式），并分别派遣本部门相关工作人员为其他试点提供指导，确保先行示范区内的营商环境能够得到不断优化，为加快该区域新质生产力形成与发展步伐提供强大的推动力。

5. 完善营商环境先行示范区创建的基本保障条件

规划营商环境先行示范区是一项系统性工程，不仅要有良好的前提条件和动力条件作为支撑，还要有完善的保障条件提供支持，这样才能确保先行示范区的建设过程与效果更加理想。在这里，保障条件应包括组织保障的夯实、强化上下级政府的联动、动态追踪工作的全面落实、良好舆论氛围的营造、结果运用的强化五个方面。在组织保障的夯实方面，政府各部门和各直属单位要将思想统一到相同高度，强化组织领导体系，同时按照国内一流标准不断细化目标、责任、任务，从而确保先行示范区营商环境构建与优化的各项措施能够得到稳步落实。在强化上下级政府的联动方面，先行示范区主管部门既要加大对下级部门工作的指导力度，还要与上级对口部门保持有效衔接，从而争取更多的政策、资金、项目的扶持，这能够为先行示范区资源配置的合理化提供重要保障。在动态追踪工作的全面落实方面，各级政府部门和责任单位要对创建试点工作、考核验收工作、复制推广工作开展的实际情况进行跟踪了解，做到在第一时间对所遇到的问题进行协调，同时加大对各阶段工作开展情况的监督，确保先行示范区规划与建设的作用、价值能够得到充分发挥。在良好舆论氛围的营造和结果运用的强化方面，各级政府部门要与相对应的宣传部门保持密切合作，将先行示范区内优化营商环境的成功经验予以广泛宣传，这可以有效帮助先行示范区吸纳更多的优质社会资源，营商环境先行示范区建设的效果也会得到进一步提升。在此之后，先行示范区的主管政府部门要通过召开现场会和新闻发布会的形式，将获得的成果进行大力推介，并且在其他区域积极复制和推广该成果，最终形成当地经济与社会发展的品牌效应，以此推动当地营商环境的整体优化，赋能新质生产力的不断形成与发展。

（二）积极落实深层优化营商环境具体措施

1. 扩展"一次事一次办"事项范围

在营商环境先行示范区建设过程中，要持续开展企业开办、不动产登记等服务，并确保一次申请、一套材料、一次提交、一次通过的服务流程，从而确保企业资产审核与评定工作效率的全面提升，让企业在先行示范区内能够用最短的时间实现开工、投产，最大限度减轻企业各项审批活动的负担。另外，司法部门、人力资源和社会保障部门要大力推行信用报告在企业各项申请中的证明作用，力求企业的信用报告可以成为企业上市和融资活动的有力证明。工商部门则要在企业市场准入，以及公共服务等领域提供"同城通办"服务，让市场主体负责人就近办理相关业务，有效提高先行示范区的生产效率。

2. 全面构筑政府助企服务网络

在营商环境先行示范区内，政府要为企业倾力打造动态感知系统，确保辖区内形成二级或三级企业服务中心，以开通"一企办"和12345政务服务便民热线等方式，为企业提供投资、融资、产业链咨询与指导等综合性服务业务。与此同时，政府有关部门还要加大"驻企特派员"队伍建设力度，使企业发展过程中所遇到的疑难问题能够在第一时间得到解决。企业通过服务平台表达自身诉求，政府部门通过委派专人的方式为其提供解决方案。另外，政府还可以通过与企业家共同召开座谈会的方式，与企业之间建立涉企政策的制定机制，这样不仅可以直接了解示范区域内的企业需求动态，还可以更直接地为企业提供帮助，为先行示范区内新质生产力的快速形成与发展营造良好氛围。

3. 全力打造生产制造业企业"数据得地"评分体系

生产制造业企业始终是推动区域经济与社会发展的中坚力量，为其打造良好的营商环境，可以加快这些企业生产力的提升，从而为区域经济带来更多的新增长点。这就要求在营商环境先行示范区建设过程中，政府部门要将工业用地保障方式予以创新，从企业长远发展的角度，对企业经济效益、技术创新、质量提升、转型升级等多个维度进行分析，最终打造出存量制造业企业"数据得地"评分体系，从而确保更多优质项目能够在先行示范区内不断聚集。另外，主管部门还要明确先行示范区内的行业龙头企业、专精特新"小巨人"企业、国家级企业技术中心等，无条件拥有优先供地的权利，并享有生产空间、生活空间、生态空间的资源配套，以此助力这些企业加快先行示范区新质生产力的形成与发展步伐。

4. 助推企业和人才的"双向奔赴"

从创新发展的核心力量角度分析，人才始终是生产力和生产关系创新的中坚力量。也就是说，无论是营商环境的改变，还是生产力的发展，都需要有充足的高质量人才作为支撑。因此，在营商环境先行示范区的建设与发展过程中，政府不仅要强调为企业提供强有力的政务服务，还要重视人才强国战略的制定与落实。其间，政府部门既要联手有关单位全力完善企业人才服务体系，让更多的高质量人才落户先行示范区，还要强调各类高校毕业生创业扶持政策和人力资源服务政策，以此为先行示范区内企业提供充足的人力资源保障条件，确保先行示范区在新质生产力形成与发展过程中，始终拥有中坚力量。

5. 加大结构性减税降费政策实施力度

2019 年 10 月，国务院召开第 66 次常务会议，审议通过了《优化营商环境条例》，确保国内营商环境的全面优化和社会生产力的快速发展。该政策的制定与执行，为全国各省、自治区、直辖市全面优化营商环境，赋能新质生产力的发展指明了方向。在该政策背景之下，各地全面落实营商环境先行示范区的建设工作，紧紧围绕当地经济与社会发展的实际情况，有针对性地作出战略部署，这样才能加快先行示范区新质生产力的形成与发展步伐。就影响区域经济发展的主要因素而言，税费因素所产生的影响较为普遍，因此在营商环境先行示范区的建设过程中，税务部门和司法部门要为先进制造企业、经营困难的小微企业、个体工商户提供增值税加计抵减政策，以及减免租金、优惠利率等政策，出台相关法律法规，为先行示范区内企业和个体工商户减轻税费负担，同时为先行示范区新质生产力的快速形成与发展提供有力保障。

二、准确找出营商环境的关键变量

从经济学角度分析，影响营商环境的因素众多，包括区域经济、市场环境、法治水平、基础设施建设等多个方面，因此在研究优化营商环境的过程中，相关人员要将上述因素进行综合性考虑，对主要因素进行降维处理，才能确保对其关键变量加以有效把握，从而达到赋能新质生产力发展的最终目的。学者刘洪明明确指出，在构建主成分指标体系的过程中，必须遵循全面性、直观性、显著性、可操作性、最少性五个基本原则，这样才能确保所找出的关键变量具有高度的准确性。[①] 本研究就以中国营商环境评估指标体系研究成果为参考（具体如图5-3所示），力求通过主成分分析法准确找出影响中国营商环境的关键变量，为新质生产力的形成与发展提供强有力的支撑条件。

---

① 刘洪明.关于投资环境的研究 [J].天津师大学报（自然科学版），1997（1）：52-58.

```
                    中国营商环境评估指标体系
        ┌──────────────────┴──────────────────┐
   衡量企业全生命周期                      体现城市高质量发展
   ┌──────┴──────┐                      ┌──────┴──────┐
  一级指标        二级指标               一级指标        二级指标
```

一级指标	二级指标	一级指标	二级指标
企业开办 劳动力市场监管 建筑许可办理 政府采购 招标投标 获得电力 获得用水用气 财产登记 获得信贷 保护中小投资者 知识产权创造、运用 跨境贸易 保护、纳税 执行合同 办理破产	开办企业的环节、时间、成本、便利度，聘用情况、工作质量、就业服务，办理建筑许可的环节、时间、成本、建筑质量控制指数、便利度，电子采购平台、采购流程、采购结果确定和合同签订、合同管理、支付和交付，互联网+招标采购、投标和履约担保、外地企业中标率、建立公平有效的投诉机制，环节、时间、成本、供电可靠性和电费透明度、获得电力便利度，获得用水用气的环节、时间、成本和用水用气价格，登记财产的环节、时间、成本、土地管理质量指数及便利度，合法权利度指数、信用信息深度指数、征信机构覆盖面、企业融资便利度，合法权利度指数、信用信息深度指数、征信机构覆盖面、企业融资便利度、信息披露透明度、董事责任程度、诉讼便利度、股东权利、所有权和管理控制、公司透明度，知识产权创造质量、知识产权保护社会满意度、非诉纠纷解决机构覆盖面、知识产权运用效益，出口边境耗时、出口边境费用、出口单证耗时、出口单证费用、进口边境耗时、进口边境耗时、进口边境费用、进口单证耗时、进口单证费用、跨境贸易便利度，纳税次数、纳税时间、总税收和缴费率、报税后流程指数，解决商业纠纷的耗时、解决商业纠纷的费用、司法程序质量指数，收回债务所需的时间、收回债务所需的成本、债权人回收率、破产法律框架质量指数	市场监管 政务服务 包容普惠创新	"双随机、一公开"监管覆盖率、监管执法信息公开率、政务诚信度、商务诚信度及与国家"互联网+监管"系统数据共享、网上政务服务能力、政务服务事项便利度、政务服务平台数据共享，创新创业活跃度、人才流动便利度、市场开放度、基本公共服务群众满意度、蓝天碧水净土森林覆盖指数、综合立体交通指数

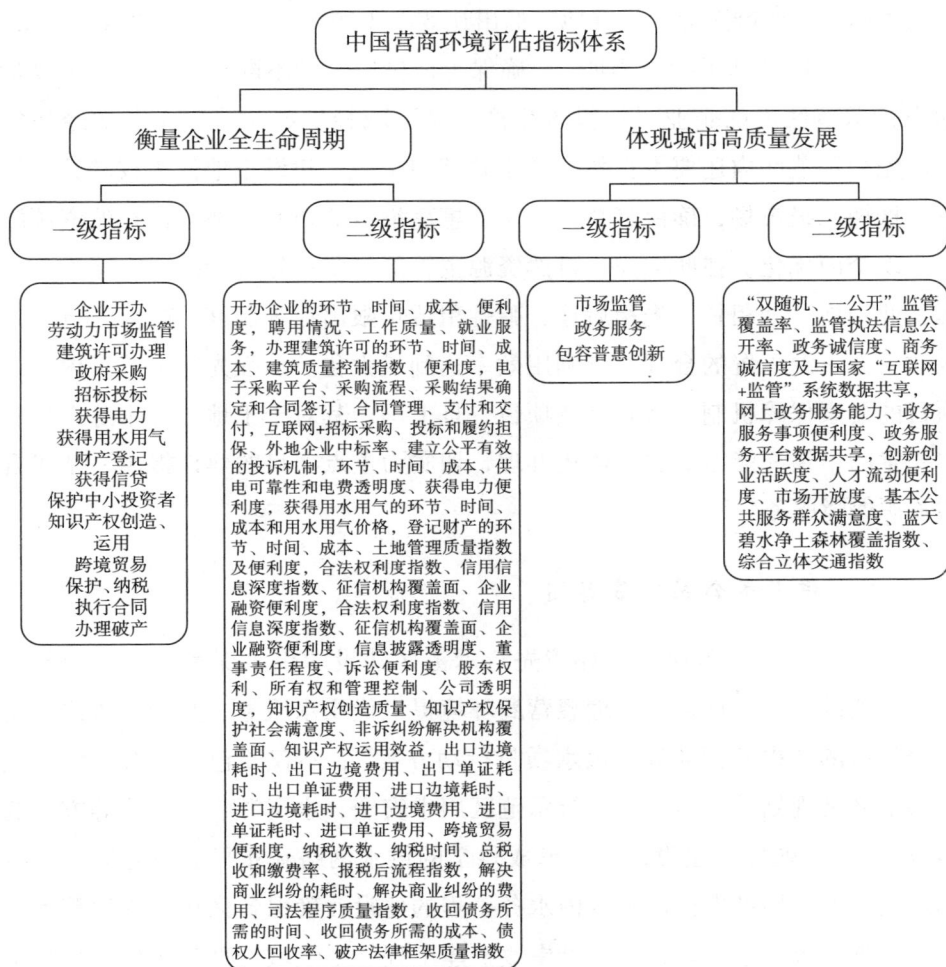

图 5-3　中国营商环境评估指标体系

三、有效把握营商环境的关键变量

（一）土地等要素环境主管部门

该部门要将全面加强自然资源管理工作视为重中之重，既要做到自然资源的优化配置，始终保持营商环境先行示范区的土地利用的高效率，还要做到大力提升生产制造业"标准地"的出让效率（如与企业签订履约监管协议、缩减企业用地办理手续与周期），确保土地供应率的不断提升。这样可以帮助先行示范区内的企业尽快投入生产运营，减轻生产制造型企业的经济负担。先行示范区内还要由自然资源主管部门牵头，建设土地使用权转让、租赁、抵押二级市场，确保惠企、便民、惠商举措的切实落地，让自然资源配置实现全面优化。在此期间，自然资源主管部门要在先行示范区内建立一整套工业用地长期租赁、先租后让、弹性租赁年限出让等制度，确保先行示范区的土地资源配置的合理性与利用效率达到最大化。加强先行示范区内重点项目的要素保障机制，做到重点项目一旦上马，其对于土地、林木等自然资源要素的申请，能够实现一体化办理，切实为重点项目的建设提供一站式自然资源保障服务。

（二）供水等公共服务部门

该部门要全面确保营商环境先行示范区建设的供水保障能力，为打造先行示范区"近悦远来"的理想营商环境提供优质水服务。其间，该部门要出台具体的"提升营商环境供水质量行动方案"，不仅要包括打造全域现代化供水网络规划，大力加强先行示范区用水安全、水资源、水经济等方面的"软件"和"硬件"建设，还要形成科学的供水网络新布局。与此同时，该部门还要大力推进先行示范区内水务工程的建设，确保各区块水资源配置工程、灌溉区域续建工程、水系沿岸改扩建工程、小流域治理与防护工程同步推进，从而为先行示范区营商环境优化打造良好的自然与人文景观。另外，该部门还要全力打通多条用水服务热线，确保企业和个体工商户在生产经营过程中，遇到各种用水问题能够得到及时解答和上门处理。在此期间，要开设"365×24小时"供水服务热线，并且要求服务热线自开通之日起，无论是疑难问题解答，还是提供上门服务都必须确保在当天处理结束，用户的电话投诉必须在5个工作日内予以解决，时刻保障先行示范区内企业和个体工商户用水充足且安全。

（三）金融部门

金融环境是区域营商大环境的重要构成之一，所以金融部门在先行示范区打造理想营商环境的过程中，必须全面强化各项政策措施的实用性，通过打造一流金融环境服务实体经济的手段，促进先行示范区内营商环境的优化与发展。在此期间，该部门要深入了解先行示范区内部经济发展的结构特色和具体需求，全力推进政府部门、金融机构、企业、个体工商户之间的有效对接，从而让重大项目、重点领域、小微企业存在的融资难等问题得到根本性解决。在具体实践操作过程中，金融部门要加大对先行示范区内金融机构产品创新的引导力度，让更优质的金融服务进入先行示范区内的重点企业和小微企业，进而保障资金供给的稳定性和可靠性。与此同时，金融部门还要加大对金融政策和金融工具使用的引导力度，以及对普惠金融的支持力度，由此让先行示范区内重点企业和小微企业得到合理的金融资源配给，从中获得更多的实惠。另外，金融部门还要充分发挥先行示范区的金融资源优势（如三大证券交易所赋予的功能和作用等），有效提升先行示范区内企业上市和金融服务方面的便捷性，切实为先行示范区内企业的发展提供优质金融服务。

（四）监管部门

区域金融环境构建与优化，不仅需要金融部门通过制定各项金融政策，实现为区域内部所辖企业提供高质量金融服务，还需要有专门的监管部门提供有力保障。在营商环境先行示范区的构建与发展过程中，监管部门必须充分发挥自身职能，最大限度保障先行示范区营商环境建设与发展拥有充足且优质的金融支持条件。在这里，监管部门要立足先行示范区营商环境的整体战略部署，对辖区内的银行、保险、信贷等金融机构提供全方位指导，并加大金融要素和惠企政策方面的宣传力度，以此保障先行示范区金融服务质量得到整体性提升。特别是在信贷资源的配置方面，监管部门要做到"精准滴灌"，切实解决小微企业融资难和融资贵两个实际问题。其间，相关部门还要积极鼓励银行加大对小微企业信用贷款的投资力度，从而让先行示范区内的小微企业和个体工商户得到充足的融资资源。通过银行和保险机构，将"掌上金融"服务平台予以大力推广，可以使先行示范区内大、中、小、微型企业及个体工商户在得到一站式金融服务的同时，享受最为优惠的金融服务费用，这能够帮助广大企业和个体工商户最大限度降低融资成本。

（五）信用监督部门

从经济发展的角度出发，营商环境对经济增长的促进作用越来越大，这也意味着优化营商环境必须营造良好的信用环境。所以，信用监督部门按照党中央、国务院决策部署，持续推动构建以信用为基础的新型监管机制。这突出体现在聚焦经营主体信用体系建设中心任务上，以企业信用提升为主线，以信息归集公示为基础，以信用约束惩戒为重点，以"双随机"监管为抓手，以信用风险分类为依托，持续发挥信用赋能高质量发展的作用，改善信用环境，推动市场环境、营商环境、发展环境持续向好向优。

第二节 制度创新：各项惠企政策纷至沓来并对企业全生命周期实现全覆盖

制度创新是创新发展的重要保障，因为只有在高度规范化的大环境之下，创新活动才可以稳步进行，创新成果的转化率才会达到最大化。在探究优化营商环境，赋能新质生产力发展的实践过程中，应将制度创新作为主要抓手，通过向企业提供各项优惠政策，实现对企业生命周期全覆盖是重要保障条件。具体实践路径如图5-4所示。

```
                    ┌─ 基础:          ┌─ 评估制度要求的高度明确
                    │  完善知识产权    │
                    │  保护政策        ├─ 评估主体的多元化发展
                    │                  │
                    │  动力:           ├─ 评估标准的全面革新
                    │  以公共政策      │
                    │  推动体制机制改革 ├─ 加强跨部门的合作与信息共享
制度                 │                 │
创新                 │                 └─ 加强宣传与舆论引导
赋能                 │
新质 ───────────────┤                 ┌─ 加大地方电力"一码通办"
生产                 │                 │  服务模式的建设力度
力发                 │                 │
展的                 │                 ├─ 打造地方水电气网一站式联办服务模式
实践                 │  抓手:          │
路径                 ├─ 以政府治理全面 ├─ 能源"双碳"增值服务的切实开展
                    │  促进新质生产力发展 │
                    │                 ├─ 全力推行"服务地方的光伏建设"项目
                    │                 │
                    │                 ├─ 实现市场主体投资项目的"多评合一"
                    │                 │
                    │                 └─ 协同推进减税降费
                    │
                    │  保障:          ┌─ 立足政府宏观调控职能,充分提升行政
                    └─ 健全法治体系建设 │  效能
                                      │
                                      └─ 加快司法公正建设步伐,保障营商主体
                                         合法权益
```

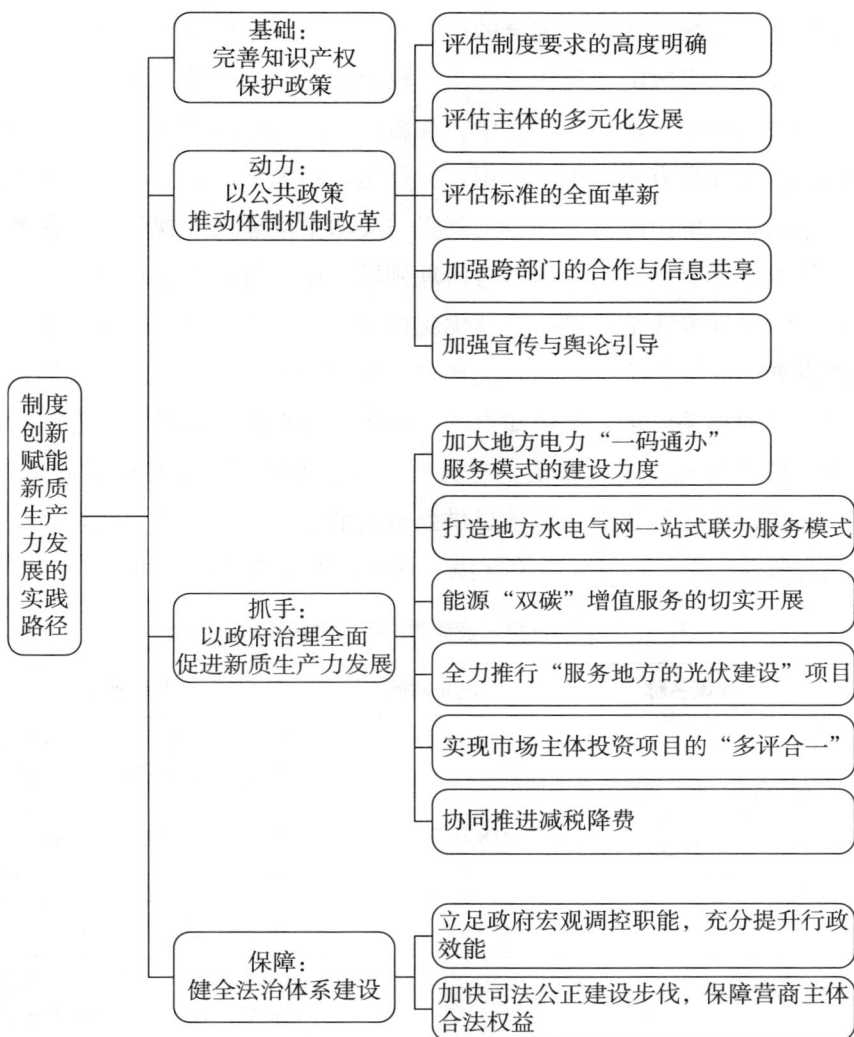

图 5-4　制度创新赋能新质生产力发展的实践路径

一、完善知识产权保护政策，为新质生产力的发展提供良好的法治化环境

营商环境伴随时代发展变化而逐渐发生改变，涉及市场主体的准入、生产经营、退出等过程，本质就是典型的生产关系。也就是说，理想的营商环

境往往能够为市场主体提供健全的产权保护、高效率的政务服务、公正且公开的司法体制、有效的契约执行、政府权力的全方位监管，进而让市场主体有更多的精力投身于市场活动之中，在新的领域创造出更多财富，为新质生产力的发展发挥强有力的推动作用。特别是在中国全面开启绿色低碳经济发展新篇章以来，中国经济与社会发展将"美丽中国建设"视为核心任务，强调将新技术应用至企业治理和政府治理领域之中，将行政审批制度、市场准入制度、营商环境法治环境的持续优化视为重中之重，以此确保新质生产力的全面发展。为了营造良好的营商环境，推动新质生产力的全面发展，政府出台了一系列相关政策，加快知识产权和服务体系的建设进程，进而为营商环境的可持续优化，以及新质生产力的可持续发展营造了良好的政策环境。这既为加快营商环境法治化建设提供强有力的支撑条件，又为企业全生命周期实现全覆盖提供了良好的政策保障，具体政策如表 5-1 所列。

表 5-1　营商环境赋能新质生产力发展的政策环境

序号	政策名称	发布时间	政策要点
1	《国务院办公厅关于聚焦企业关切 进一步推动优化营商环境政策落实的通知》	2018 年 11 月 8 日	减轻企业负担、有效解决小微企业融资难和融资贵的问题、进一步提升投资和贸易便利化水平、杜绝地方监管执法"一刀切"现象的出现、全面加强产权保护、系统完善政策体系并加大政策实施力度
2	《优化营商环境条例》	2019 年 10 月 22 日	坚持市场化、法治化、国际化原则，以市场主体需求为导向，以深刻转变政府职能为核心，创新体制机制、强化协同联动、完善法治保障，对标国际先进水平，为各类市场主体投资兴业营造稳定、公平、透明、可预期的良好环境
3	《全国深化"放管服"改革优化营商环境电视电话会议重点任务分工方案》	2020 年 11 月 10 日	部署进一步深化"放管服"改革，加快打造市场化、法治化、国际化营商环境，不断激发市场主体活力和发展内生动力

续　表

序号	政策名称	发布时间	政策要点
4	《国务院关于开展营商环境创新试点工作的意见》	2021 年 11 月 25 日	鼓励有条件的地方进一步瞄准最高标准、最高水平开展先行先试，加快构建与国际通行规则相衔接的营商环境制度体系，持续优化市场化、法治化、国际化营商环境
5	《中共中央 国务院关于加快建设全国统一大市场的意见》	2022 年 3 月 25 日	充分发挥法治的引领、规范、保障作用，加快建立全国统一的市场制度规则，打破地方保护和市场分割，打通制约经济循环的关键堵点，促进商品要素资源在更大范围内畅通流动，加快建设高效规范、公平竞争、充分开放的全国统一大市场，全面推动我国市场由大到强转变

　　早在 2018 年，中国就已经开始关注对国内营商环境的优化，《国务院办公厅关于聚焦企业关切 进一步推动优化营商环境政策落实的通知》以解决小微企业和外贸企业的实际问题为侧重点，强调加大知识产权保护和政策服务体系建设与实施方面的投入力度，确保企业不会因资金问题、行政审批问题、市场准入问题、市场监管问题影响自身在新领域的探索与发展，从而为各市场主体不断开拓新质生产力提供政策维度的便利和服务。2019 年，中国更是将全面优化营商环境视为重中之重，出台了《优化营商环境条例》，对政府职能、体制机制的创新、相关法律体系的完善做出了明确的规定，力求为市场打造理想营商环境，同时大力推进新质生产力的发展。在此期间，各地方政府也纷纷结合当地市场营商大环境的现实情况，以及该政策所提出的具体要求，相继出台促进政务服务数字化建设和企业服务智慧化建设的相关政策，从而为全面促进新质生产力的发展发挥政策助推作用。2020 年，国务院办公厅印发《全国深化"放管服"改革优化营商环境电视电话会议重点任务分工方案》，明确要求各级政府在优化营商环境工作中，做到政治放权、

管办结合、优化服务，既要打造出法治化程度极高的营商环境，还要推动营商环境国际化发展，从而不断加快中国新质生产力的发展进程。2021 年是中国"十四五"规划的开局之年，中国政府瞄准优化营商环境的难点和痛点，集中力量加快与国际通行规则相衔接的营商环境制度体系建设进程，并出台《国务院关于开展营商环境创新试点工作的意见》，对该项工作的系统实施提供政策指导，从而力保中国新质生产力的发展水平不断提升。2022 年，中共中央、国务院在深入总结与分析近四年全国优化营商环境，赋能新质生产力发展所取得的成果和积累的经验基础上，出台了《中共中央 国务院关于加快建设全国统一大市场的意见》，明确要求进一步强化法治思想在优化营商环境中的引领、规范、保障作用，建立全国统一的市场制度规范，确保全要素生产在全国范围内实现高度共享，营造规范且公平的市场竞争大环境，以此形成中国新质生产力的发展动力。正是拥有这样的政策大环境，当代中国营商环境的优化与发展才具备了理想的政策前提，新质生产力的发展也就此具备了强有力的法治保障。

二、以公共政策推动体制机制改革，打造可预测的政策环境和可预期的经济治理环境

当今中国在全力优化营商环境过程中，已经深刻意识到必须将构建理想的政策大环境作为基本前提，但这些政策普遍体现在国家层面，部分地方对于打造理想营商环境缺少相关政策，由此也导致营商环境的优化程度并不均衡，区域经济治理的效果参差不齐。在以制度创新为手段优化营商环境，最终实现为新质生产力的发展打造可预测的政策环境和可预期的经济治理环境过程中，无论是公共政策的制定过程，还是精准施策的过程，都要始终坚持以市场为主导，对各项政策进行综合统筹，同时要对经济政策与非经济性政策宏观政策取向的一致性进行全方位评估，从而力保营商环境对企业全生命周期形成全覆盖，稳步推进各区域新质生产力的全面发展。在这里，由于经济政策与非经济性政策宏观政策取向的一致性评估工作是一项较为系统的工程，评估结果会直接影响公共政策的调整与优化，所以必须被视为重中之

重，具体实践操作必须予以高度明确。这主要涉及以下五个方面。

（一）评估制度要求的高度明确

由于在经济政策与非经济性政策宏观政策取向的一致性评估的全过程中，需要对非经济性政策进行定期的系统性评估，评估全过程更是具有高度的复杂性和系统性两个基本特征，所以这就需要有关部门在正式开启评估工作之前，必须对顶层设计和整体统筹方案予以深度研究，建立一整套评估制度要求。其间，既要确定评估的目的与原则，以及评估范围和机构，还要明确具体的评估周期、经费来源、结果运用方案等。这样不仅有助于保证评估工作各个细节的高度规范化和制度化，还有助于这种规范化和制度化的评估流程常态化保持。另外，具备相关条件的地方政府可以对此评估过程开展开发工作，以此为经济政策与非经济性政策宏观政策取向一致性评估提供法律层面的保障。

（二）评估主体的多元化发展

评估主体在宏观政策取向一致性评估制度建立和运行过程中，对评估视角的客观性，以及评估结果的准确性产生直接影响，政府部门必须强调评估主体的多元化构建。其间，不仅要高度明确评估主体的选择对象，避免"不会评""不愿评""不能评"等情况发生，还要将各评估主体的职责与权限作出清晰界定。在该过程中，政府部门还可以与第三方机构建立合作关系（体制内与体制外第三方评估机构均可），由其负责对评估整体方案的视野、知识、技术工具应用等情况作出客观评价，力保宏观政策取向一致性评估的内容不会受到主观偏好影响，以此来保障评估结果的客观性、真实性、公正性、公信力。

（三）评估标准的全面革新

宏观政策取向的一致性直接影响经济社会大环境的发展趋势，如果政策取向与时代大环境发展存在偏差，最终会导致经济指标和社会发展目标难以实现。这就意味着政府部门在进行宏观政策取向一致性评估过程中，准备工作不仅要明确评估的制度要求和评估主体，还要对评估标准予以科学优化。各级政府部门需要深刻意识到评估标准的制定要以所辖区域经济指标和社会指标为参考，不仅要确保评估标准客观与清晰，还要最大限度实现可量化，以此来保障评估标准充分反映出对经济、社会、环境的影响。在此期间，政府部门要改变以往侧重于对政策直接效果的评估，逐渐转向在考虑政策直接效果的同时，兼顾政策的间接效果，进而让施策对经济、社会、环境所产生的影响能够得到客观、全面、系统呈现。另外，在评估工作的进行过程中，政府部门既要做到对政策实施短期效果的高度关注，还要做到侧重于对政策实施后的长期动态效果的观察，从而保障不同阶段和不同领域的政策能够体现出传导性和关联性。

（四）加强跨部门的合作与信息共享

在组织开展经济政策与非经济性政策宏观政策取向的一致性评估工作中，政府部门必须确保评估主体的多元化，这也意味着参与评估工作的部门、团体、组织较多，彼此之间要保持相互协同的工作状态。为此，全面加强跨部门的合作与信息共享就成为评估工作实施过程的关键环节。在此期间，各部门、团体、组织之间要建立一整套沟通机制，做到对于各项政策和数据信息始终保持交流与共享状态，为共同研究和解决政策实施过程中所遇问题提供良好平台。而且，各部门、团体、组织之间还要保持高度协调的状态，确保各项政策的实施始终能够得到各个环节的通力支持与协助，力求在各项政策制定、实施、调整的全过程中，评估工作所涉及的部门、团体、组织始终保持一个整体。另外，各部门、团体、组织之间的合作与信息共享的过程还需要有专属政策信息共享与交流网络平台作为保障，这是保障宏观政策取向一致性评估效率和质量的关键因素之一，尤其是评估结果的反馈与调整环节，更是需要在该专属网络平台中进行，这样才能确保反馈与整改机制得以顺利运行，为政策实施效果提供强有力的保障。

（五）加强宣传与舆论引导

宣传与舆论引导工作是中国共产党和各级政府大力推动经济与社会发展的重要途径，同时是全面强化宏观政策取向一致性评估工作的重要保障条件之一。因此，在全面开展经济政策与非经济性政策宏观政策取向的一致性评估工作中，政府有关部门要有效利用主流媒体，将权威的评估结果在第一时间向全社会宣传，并且通过信息宣传渠道加强对公众的舆论引导，让全社会都能深刻意识到当今时代营商大环境对经济与社会发展发挥着至关重要的推动作用，有助于使市场主体对当今中国经济发展更有信心、更加期待。这会激发全社会范围内的新质生产力发展，同时市场主体对各级政府部门的信赖程度也会逐步提高。

三、以政府治理全面促进新质生产力发展，强化新质生产力涉及企业全生命周期的政务服务

从全面加速中国新质生产力形成的必备条件来看，政府部门要为市场主体提供强有力的电力、水利、天然气、互联网服务等，还要确保服务的高质量，由此不仅可以充分体现政府治理的具体成效，还能让良好的营商环境覆盖相关市场主体全生命周期，不断激发新质生产力。针对政府治理改革的突破口，具体的实践操作如下。

（一）加大地方电力"一码通办"服务模式的建设力度

各级政府要在管辖区域内全面推行"扫码办电"模式，并且要赋予每个市场主体专属二维码，通过用户扫码的方式实现市场主体信息与国家电网精准对接，从而为新质生产力的形成与发展提供源源不断的电力保障。与此同时，各级政府还要大力开展低压居配用户试行集中装表分户送电工作，确保高压和低压用户通过政府政务服务系统能够提前获得用电项目的基本信息，实现市场主体办电过程始终与政府相关部门保持互动状态，为新质生产力的形成与发展提供强大的电力保障。

（二）打造地方水电气网"一站式"联办服务模式

各级政府要在辖区内积极开展市场主体服务资源的统筹工作，要组织相关部门打通水、电、气、网"共享营业厅"和"网上办事大厅"等信息共享渠道，切实保障辖区内的市场主体在享受水、电、气、网等公共服务项目时，能够实现"一站式"办理，在减少市场主体"跑腿"次数的同时，提高公共服务质量，由此让广大市场主体有更多的时间和精力从事新领域的开发，进而推动新质生产力的全面发展。

（三）能源"双碳"增值服务的切实开展

2020 年 9 月，中国在第七十五届联合国大会上，向全世界宣布在 2030 年和 2060 年前，中国力争分别实现二氧化碳排放量达到峰值（"碳达峰"）和实现"碳中和"两个重要目标。这也意味着未来中国各领域的发展都要以实现这两个目标为基本前提，新质生产力的形成与发展也是如此。政府在以市场为主导，构建良好营商环境的过程中，要确保能源"双碳"增值服务的全面落地。其间，各级政府部门要始终以升级智慧能源服务平台为核心，将"电碳画像"和"电碳地图"作为政务服务的拓展项目，向市场主体碳排放实施动态化监管。另外，政府部门还要为市场主体提供相应的"电碳能效诊断报告"，帮助企业进行用能分析、效能分析、碳资产分析，这样不仅可以提升市场主体的能效管理水平，还可以形成更多的新质生产力。

（四）全力推行"服务地方的光伏建设"项目

新质生产力的实质就是摒弃传统生产力的经济增长方式，通过创新的生产方式推动经济快速增长。这就要求各级政府部门要始终将深入挖掘生产方式的创新性视为重中之重，提供新型能源是重要抓手。其间，各级政府部门不仅要积极倡导市场主体与光伏开发企业的无缝对接，并根据光伏开发企业建设情况和投产规划，提前确定电网用电规划，进而提高光伏消纳能力。在这里，政府要为光伏开发企业和相关市场主体提供全方位的光伏批量预受理验收服务，在提高光伏开发企业并网率的同时，确保市场主体的能源需求得到充分满足。同时建议政府部门在所辖区域内开发并推广"新能源 e 助手"等服务项目，让光伏开发企业的建设成本和生产效益变得更加清晰，并且在异常情况出现之前及时发出预警信息，从而达到既保证光伏开发企业正常发电的目的，又能为满足市场主体新型能源的需求提供有力保证，这为新质生产力的形成与发展起到了积极推动作用。

（五）实现市场主体投资项目的"多评合一"

1. 优化审批工作流程

在市场主体投资项目的立项阶段，政府要对其具体实施方案进行客观、公正、全面的评估，并秉承统一告知、统一编制、统一评审、统一送达的原则，让市场主体投资项目评估由"串联办理"转为"并联办理"，从而实现评估结果既客观公正又准确高效。

（1）统一告知。项目投资主体（市场主体）要在政府政务服务网的建设项目审批系统"多评合一服务平台"中，在线填写"一张表单"项目信息，并向多个部门发出"多评合一"征询申请。在征询申请正式发出之后，行政审批部门、担保审批部门在三个工作日内完成向投资主体告知评估事项的工作。其中要包含评估具体事项、申请材料涉猎范围、报告的编制要求等。经过该系统平台正式告知的行政审批意见，或者同行业主管部门审批意见均与正式盖章的意见有着同等效力。超出时限未予以告知的意见则均被认定为无须经过该部门评估的项目。

（2）统一编制。项目投资主体（市场主体）要结合政府部门或行业主管部门所告知的评估具体事项，自行编制或委托中介机构编制各项评估报告。政府部门或行业主管部门要针对投资主体所编制的评估报告可行性论证情况，为之提供跟踪服务，力保为投资项目的顺利开展提供强有力的外在保障条件，让其所要面对的难题和潜在问题在第一时间迎刃而解。

（3）统一评审。项目投资主体（市场主体）在编制好各项评估报告之后，要通过"多评合一服务平台"进行审批报告的统一提交，此后要由政府部门牵头，联合行业主管部门共同对提交的评估报告进行评审。其间，政府行政审批部门或行业主管部门要委托第三方评估机构开展技术层面的审查工作，并在二十个工作日之内给出评估具体意见。如果遇到不可抗力因素导致审批工作无法正常开展，或审批工作较为复杂的情况，第三方评估机构在征得政府部门负责人，或者行业主管部门负责人同意之后，可酌情延长审批意见回复时间。对于存在法律法规前置条件的审批项目，行政审批部门或行业主管部门要随之开展"容缺审批"工作，在得出前置事项审批结果之后，随即形成具有法律效力的审批文件。

（4）统一送达。在审批流程顺利完成之后，行政审批部门或行业主管部门要在结果形成之日，将完整的审批文件上传至"多评合一服务平台"，并通知项目投资主体（市场主体）在该系统下载审批文件，或者前往当地政府大厅投资项目评审综合窗口领取全部的审批文件。

2. 充分开展区域评估工作

在对项目投资主体（市场主体）进行各项评估工作时，政府行政审批部门或行业主管部门可采用告知承诺、降低审批层级、缩减审批时限等手段，将审批流程进行最大限度精简，从而减轻项目投资主体（市场主体）在审批流程中所承担的各种压力。当项目投资主体（市场主体）通过审批，正式进入区域投资建设阶段后，除相关法律法规做出明确规定的项目，其他关于节能环保、水土资源保持、重要矿产资源、地质灾害危险性（泥石流、山体滑坡等）、地震安全性（抗震等级、防火等级等）、气候条件可行性等事项均可直接参照当地有关部门所提供的评估结果，行政审批部门或行业主管部门无须再对投资项目主体（市场主体）提出具体的评估要求，以求最大限度缩减评估流程和时间。

行业主管部门要结合所在地区评估成果对项目投资主体（市场主体）进行告知，并随即对其提交的评估报告进行评审。在此之后，相关部门要将所在地区的评估报告上传至"多评合一服务平台"，使信息在行政审批部门、行业主管部门、项目投资主体（市场主体）之间实现高度共享，内容应主要涵盖所在地区评估的具体情况、评估结果的适用范围和要求、评估事项的精简情况等。对于不方便公开的评估信息，政府行政审批部门或行业主管部门要发布详细明白纸为项目投资主体（市场主体）提供解释，并说明投资项目评估结果的具体应用方法。在全面提高项目投资主体（市场主体）的项目审批效率过程中，行业主管部门所开展的区域评估工作发挥着重要作用，这也充分说明行业主管部门要实现所在地区评估事项覆盖范围的最大化，从而确保所在地区评估成果应用范围达到最大化，由此方可有效增强市场主体投资项目"多评合一"的应用成效。

（六）协同推进减税降费

税费的科学调整是有效优化区域营商环境，大力推动区域新质生产力发展的有效途径之一。其间，政府部门要做到保持较高的政治站位，全面建立统一意识、大局意识、全局观念，以相同的步调落实税收协同治理工作。在此基础上，政府相关部门之间要保持高度的信息共享，并且在共同目标的指引下实施各项政策，力求政府相关部门之间在税费治理工作中形成合力。政府部门还要立足自身职责与义务，扎实稳健地开展税收付费服务工作，让优质的营商环境能够成为当地一块"金字招牌"，以此促进市场主体积极主动地配合政府开展营商环境治理工作，最终形成规范经营、依法纳税、行动自觉、税收协同共治的区域营商大环境。

四、 健全法治体系建设，全面加快新质生产力发展背景下的营商环境执法司法改革进程

（一）立足政府宏观调控职能，充分提升行政效能

当今时代背景下的企业发展，普遍存在的负担主要由四个方面构成，即成本负担、税费负担、电力负担、履约负担。其中，成本负担主要表现为融资成本、租赁成本、运营成本等多个方面，这些成本的有效控制与政府管制措施有着紧密联系，一旦政府管制措施导致市场价格扭曲，或者审批流程过于复杂，势必会导致企业在生产经营过程中，上述成本的不断增加。税费负担主要表现为企业在生产经营过程中，遇到的各种政府性基金收费名目，名

目越多则意味着缴费数额越大，这对于不同经营规模的企业而言都是一种有形的负担。电力负担主要体现为用电负荷较大，生产成本难以得到有效控制，为企业发展带来严峻挑战。履约负担主要表现为企业履行约定和提起诉讼的成本较高，由此导致企业面临拖欠员工工资的风险。这些问题的存在不利于营商环境的发展，最终会影响企业新质生产力的形成与发展。有效转变政府职能，全面构建适合当今时代发展大环境的政府行政管理体制，才能确保营商环境得到根本性的治理。在这里，政府依然要将重点放在降税、减费、放松管制等调控手段的应用之上，并且对政府治理体制机制予以不断完善，体现高度公开与透明，由此方可确保政府行政效能的全面提升，并对营商环境的法治化发展形成有力推动，新质生产力也会随之逐渐形成。

（二）加快司法公正建设步伐，保障营商主体合法权益

司法公正是维持社会大环境稳定的重要条件之一，尤其是理想营商环境的构建与发展。在此期间，司法系统要以大力打击经济犯罪和有效解决营商纠纷为重要途径，确保营商环境和谐稳定，以及投资者自身合法权益全面维护。除此之外，司法系统还要全面加强运行体制的深化改革、司法机关管理体制的革新、司法监督制约机制的优化、司法队伍高质量构建，以此确保司法效率的有效提升，最终为全面加快营商环境的法治化建设步伐，以及加快新质生产力形成与发展进程提供有利前提。

第三节　产业发展：培育沃土并逐步开发出地区专属的优势产业"主力赛道"

从当今中国经济社会发展所总结出的经验来看，产业发展会对国家经济社会高质量发展起到至关重要的推动作用。这也意味着当今时代背景下的中国社会生产力的发展必须以产业发展为根本前提条件，由此来加快新质生产力的形成与发展步伐。在实践过程中，这是一项系统性工程，需要从以下两个方面入手，具体如图5-5所示。

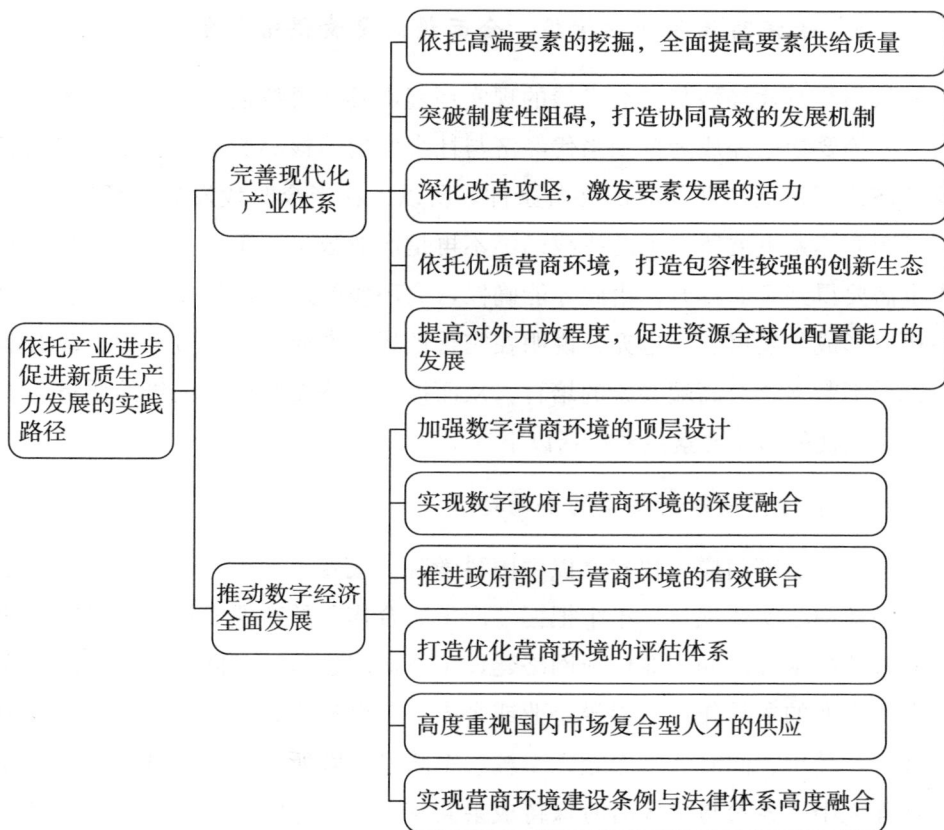

图 5-5　依托产业进步促进新质生产力发展的实践路径

一、完善现代化产业体系

在全面优化营商环境，赋能新质生产力发展的过程中，以产业发展为中心，为新质生产力的形成与发展培育理想沃土，是一项系统性工程。其间，需要政府部门和行业主管部门明确高端要素的培育方向，以及全面提升要素供给的整体质量，还要打造出较为灵活的协同发展机制，实现制度体系和政策体系始终保持高度创新，由此才能确保为区域市场经济发展营造公平公正的、审慎包容的市场营商氛围，达到这些要求也意味着现代化产业体系的全面形成。具体操作如下。

（一）依托高端要素的挖掘，全面提高要素供给质量

从当今时代经济与社会发展的现实环境出发，科技创新、现代金融、人力资源等要素已经成为推动当代经济与社会发展的核心要素，也成为构成实体经济协同发展产业体系的必备条件。所以，在当今时代发展大环境之下，现代产业体系发展所面临的挑战已经不再是产业数量不足，而是产业自身的质量需要得到全面提升，由此才能确保营商环境的进一步优化和新质生产力的快速形成与发展。这也充分说明在完善现代化产业体系的过程中，政府部门必须不断强化对高端要素的培育，从而提高经济发展要素的供给质量。需要高度重视的高端要素主要包括以下三个。

1. 注重对科技创新要素的全面培育

各级政府部门应尽快建立以中国科学院，或者中国工程院为模板的国家创业创新中心实体项目，牢牢把握"产学研合作"的产业发展主体思想，让产业共性技术开发和产业创新网络建设工作同步进行。其间，政府部门要充分发挥企业的主导作用，倡导企业或个人、金融机构、科研院所等组织机构积极参与其中，同时鼓励军企、军校、军队科研院所积极参与到地方产业发展过程之中，各参与主体时时保持成果共享，由此保障各领域实现又好又快发展。在这里，政府部门要发挥各行业国家实验室、工程技术中心、企业技术中心的科研优势，共同对战略性新兴产业的关键技术展开攻关工作，进而为各产业顺利完成战略转型，并最终形成一整套现代化产业体系提供重要的技术支撑。这些关键性技术的形成也会有效打破国际市场对中国战略性新兴产业的制约，从而加快新科技改革下现代化产业发展步伐。

在此基础上，政府部门还要大力推进各领域的开放创新，倡导在各产业创新中心设置国际协同创新机构，以及技术合作组织。这些机构和组织的主要任务就是充分捕捉中国企业在新一轮科技改革背景下战略发展过程中的技术需求，并确保中国企业与跨国公司之间实现技术清单的有效对接，完成相关的合作研究项目和技术转让项目，服务中国现代产业的高速发展。

2. 注重对金融要素的全面培育

政府部门要与金融行业主管部门积极合作，引导银行等金融机构积极向科技银行、民生银行、对外银行方向转变，并积极发展面向小微企业和个体工商户的金融业务，形成大中小服务组合的同时，打造出国有、民营、对外于一体的银行体系，进而改善当前信贷资源主要集中于大中型企业的局面，实现金融机构与实体经济发展需求的准确对接。与此同时，各金融机构之间还要大力拓展创业投资业务，结合当地经济发展的实际情况，放宽对行业和企业的限制（如收益率），进而有效加大对当地高新技术产业、战略性新兴产业、新经济领域相关行业的投资力度，让资本切实成为促进产业链上下游协作的纽带，最终形成互动性较强、衔接程度较高的区域产业生态圈。

除此之外，金融机构还要在信贷业务、资本市场、风险投资等领域不断进行渠道拓展，让金融服务业务更加趋于多元化，同时要尽可能降低间接融资比例，增加直接融资比例和资产管理等服务业务，进而形成更加趋于完整的金融服务业务体系。金融行业主管部门要将公平竞争、智能化转型等机制引入行业内部，以此来进一步加快金融行业改革的步伐，这样金融机构不仅可以加快高质量发展的步伐，还能具备紧急避险能力。

3. 注重对人力资源要素的全面培育

政府部门要高度重视人力资本发展的优先性，加大对经济发展适用型人才和高技能人才的培养力度，有效改善现代化产业体系发展过程中人力资源不足的局面。在实践操作过程中，政府部门要改变以往的人才评价方式，以及人才考核机制与激励机制，高度注重对高层次创新型人才的培养。其间，既可以通过海外高层次人才引进的方式，也可以通过吸引实践经验丰富和行业影响力较大的领军型人才的方式，共同谋求实体经济发展，从而助力中国现代化产业体系的发展，这为构建理想营商环境提供人才保障，也为新质生产力不断形成和发展打下坚实的人才基础。

另外，政府部门还要将大力发展高中教育视为全面加强各产业人力资本的关键，不仅要加大对高中阶段教育发展的投入力度，做到让低收入家庭高中就读子女免费入学，甚至根据家庭实际情况，为其免除在校期间的相关费用。实施该举措的原因在于当今时代是科技飞速发展的时代，人工智能和自动化生产已经成为实体经济发展的主要生产方式，这也意味着工作人员所要具备的工作技能正在发生实质性改变，掌握以上生产方式就成为工作人员的工作技能需求，在高中阶段培养学生上述工作技能是最为理想的选择。这样的做法在澳大利亚、新西兰等国家已经取得了成功。这样的教育途径，可以使学生在职业教育活动中强化通识教育，让学生不仅可以掌握知识层面的学习技能，还能得到职业技能的培养，进而为现代化产业体系不断发展壮大提供更为充足的人力资本。

（二）突破制度性阻碍，打造协同高效的发展机制

从现代化产业体系构建与发展的角度分析，各要素的优化与科学配置都离不开相关制度，因此全面提高对重点领域制度性阻碍的关注度，成为推动现代化产业体系逐渐趋于完善的重中之重。在此期间，既要做到对实体经济发展的导向机制予以重新塑造，还要高度关注对科技创新、现代金融、人力资源领域的创新引擎机制、服务机制、资本化机制的深层次完善，进而突破现代产业协同发展过程中的要素流动障碍，让科技创新要素在现代化产业体系建设与发展过程中充分发挥出经济效能，从而确保实体经济与高端要素之间能够保持相同的发展步调。

1. 重新塑造促进实体经济发展的导向机制

实体经济是经济发展的主体，不断扩大实体经济规模和加快实体经济发展速度应作为中国经济高质量发展的根本。对此，政府必须结合时代发展大环境，将实体经济发展的重要性加以更深层次的认知，并且要通过切实的努力打造出实体经济理想的发展氛围。在此期间，政府部门既要不断加快市场化改革进程，让实体经济能够拥有较为理想的发展软环境，还要将进一步完善各类要素市场化发展机制作为重要任务，从而激发实体企业创新发展的动力。政府部门还要在实体企业中大力培育企业家精神，以此确保实体企业在当今时代发展大环境之下，始终具备较强的自信心。针对这一方面，政府部

门要全面建立一套与实体经济相匹配的激励机制，确保实体经济从业人员的付出与回报始终能够保持高度匹配，其中存在的违规和违法行为也会得到相应的惩处，这样全社会的行业收入分配机制也会随之倾向于实体经济。

2. 深层优化科技创新引擎机制

从当今时代发展的大环境出发，科技创新是推动时代发展的中坚力量，所以在当今时代背景之下，全面加快中国经济与社会的发展步伐，关键就是要将科技创新的引擎作用充分发挥出来。要达到这一目标并非易事，打造出一整套既能激发创新活力，又能加快科技创新成果转化步伐的体制机制至关重要。在实践操作过程中，先要对科技创新的原动力予以充分激发，有效开展科研机构的分类改革工作，还要不断建立具有自主创新能力和自负盈亏能力的企业型科研院所，这样不仅可以有效避免科研机构与实体企业之间衔接不畅的情况出现，还能有效转变科研院所普遍存在的管理方式（泛指以经费管理为主体），久而久之也会形成以科技创新成果绩效为主体的科技创新院所管理新模式。

在此之后，政府还要深层次探索科技创新成果转化的可用模式，既要做到引导广大科研院所自主建立用户主导下的科技创新发展新模式，鼓励科研院所围绕各领域、各行业龙头企业所急需的重大技术，建立以满足企业迫切需求为目的的科研机构。机构内部通过与企业相互合作、共同开发、协同攻关，建立起产业技术发展联盟，从而让企业在科技创新成果转化过程中充分发挥出应有的作用，以此来突破现代化产业体系发展过程中科技创新成果转化方面的制度阻碍。政府还要着眼于产业共性技术供给机制的全面构建，通过定期组织企业共性技术需求调查与分析，有效引导行业和企业技术发展大方向等方式，为企业科技创新计划的科学制订提供客观依据，这样可以有效确保科技创新始终作为现代化产业体系构建与发展的核心力量。

3. 理清现代金融服务机制

从金融行业的重要性角度进行分析，不难发现金融环境的高度稳定意味着市场经济发展大环境稳定性较高。可是在金融领域中，金融资本并不会舍弃自身的利益，都会将利益最大化作为根本目标。在确保中国经济可持续发展的过程中，政府部门必须彻底理清现代金融发展与服务实体经济之间的内在关系，只有这样才能保障实体经济与现代金融始终保持协同发展。在实践操作过程中，政府部门要以不断加快供给侧结构性改革为基础，确保金融服务体系呈现出多层次性。在此基础上，政府部门还要最大限度放宽对外来资本和民营资本进入金融市场的限制，大力推动科技银行、民营银行、对外银行等金融机构的发展壮大，这恰恰是银行信贷业务、资本市场运作业务、风险投资业务、金融创新业务渠道得以不断拓宽的载体。

政府还要引导各金融机构不断拓宽对小微企业和个体工商户的融资渠道，不断扩大私募股权的范围，以及创投基金的发展规模，让企业和个体工商户的资产能够逐渐转向证券化发展。在此之后政府部门则要酌情降低新三板市场交易的准入门槛，让更多的投资者有机会进入新三板交易之中。政府部门要积极推动当地担保公司等金融机构的全面发展，让更多的企业或个体工商户的融资行为不再受区域的限制，从而在繁荣当地金融市场的同时，不断为加快产业化发展进程提供有力保障。

4. 打造高度健全的人力资源资本化机制

人力资源通常被视为各项事业高速发展的根本源泉，所以在全力打造完善的现代化产业体系过程中，必须将大力发展人力资源放在重要位置。在此基础上，要确保人力资源能够顺利转化为人力资本，这样才能为实体经济又好又快发展提供强有力的助推作用。政府部门为了更好地实现人力资源向人力资本的转化，必须将建立一套完整的人力资源资本化机制视为重中之重。该机制应由激励机制、科技创新成果所有权分配机制、人才评价机制、质量考核与激励机制等多个部分构成，由此才能确保科研人员科技创新的成果向经济收益转化，并且保障人力资源的流动性得到全面提升。在这里，政府部门还要确保人才的创新能力和创新成果得到最大限度涌现，进而为现代化产业体系建设和发展提供更为强大的动力，营商环境也会在充足的人力资本作用之下逐渐达到最优化，进而有力推动当地新质生产力的不断形成与发展。

另外，政府部门还要高度重视当地教育改革工作的深化落实，既要颠覆固有的社会资本办学思想，让更多民办学校、职业技术院校、在职培训机构承担起推动现代化产业体系发展的重任。其间，政府部门要鼓励职业教育的全面介入，让更多现代化的职业理念和职业发展逻辑进入学校教育之中，确保职业教育与学位教育实现双向转换。在这里，政府部门还要对地方高校和职业院校专业设置动态调整机制的构建提起高度重视，力求当地产业结构转型与升级始终能够有充足的人力资本提供保证。

（三）深化改革攻坚，激发要素发展的活力

在构建现代化的协同发展体系的过程中，不仅要切实提升生产要素的整体质量，还要对各类生产要素资源给予科学合理的配置，更要将全面加强政府服务行为和体制机制改革放在重要位置，这样才能确保实体经济发展过程更加具有活力，生产要素的发展更加具有全面性，由此才能逐渐形成理想的营商环境，为新质生产力的不断形成与发展奠定坚实基础。

1.增加要素市场改革深度，突破生产要素流动性的制约

在全面构建现代化产业体系的过程中，要素市场的深化改革之所以至关重要，是因为能够确保生产要素之间的流动性更强，为各产业的链条化发展提供强有力的要素支撑。政府部门在全面落实该项工作的全过程中，先要做到全面加快金融改革的进程，让更多的优质社会资本能够进入金融行业内部，从而为各产业发展营造出理想的竞争环境，在无形中帮助企业和个体工商户降低融资成本。

政府部门在做好金融要素深化改革工作的基础上，要对自然资源等领域进行深化改革，力求这些资源要素能够在更大的范围内实现优化配置，进而提高生产要素的可流动性。这样不仅可以让区域之间、领域之间、部门之间的割裂感逐渐消除，还能保障资源要素市场的统一性和竞争性，最大限度帮助要素市场中的资源要素自由流动，并使资源配置更加趋于合理化。

2.消除行业垄断现象，加快国有企业改革进程

政府部门在全力构建完善的现代化市场体系过程中，必须始终将"两

个毫不动摇"作为基本思想理念，不断在电力、石油、天然气、民航等重要领域，以及关键行业开展反垄断工作。其间，政府部门要以国有企业混合所有制改革为手段，逐渐实现战略性目标。具体而言，政府部门要大力推行合资、合作、并购、参股入股的形式，让更多社会优质且具有互补性的资本能够参与到战略性新兴产业发展过程之中，最终形成优质的非国有资本，这样可以确保原有的国有资本运营效率得到最大限度提升。政府还要将"竞争中性"原则广泛运用于国有企业之中，让这些企业进入竞争政策体系之列，同时根据国有企业分类改革所提出的明确要求，对"僵尸企业"进行破产重整，或者通过兼并收购、债转股、混合所有制改革的方式，让国有企业的生产要素垄断现象得到根本性改变，进而确保国有经济整体布局以及产业结构能够得到实质性的调整，为打造理想的营商环境，最终实现新质生产力形成与发展的长远目标打下坚实基础。

政府部门还要全面降低民间投资市场的准入标准，做到向全社会明确非市场准入清单所列出的行业、领域、业务，其他各类市场主体均可依托相关法律进入民间投资市场，从而盘活各地区的民间资本。另外，政府部门要彻底摒弃对非公有制经济开展形式的不合理规定，从而有效避免在产业化发展过程中各种隐性竞争壁垒的出现，让各种所有制经济形式在法律允许的前提之下，都能高效利用好各种生产要素、参与公平公正的市场竞争、履行同等的社会责任。

3. 放宽重点领域的限制政策，减轻现代化产业体系发展压力

从助推当代经济与社会发展的必要条件角度出发，教育行业、医疗卫生行业、金融行业、现代服务业、战略性新兴产业发挥着关键性作用。对此，政府部门在全面建设高度完善的现代化产业体系过程中，必须减少上述行业的进入管制措施。这样的操作既有助于激发行业内部更多的企业发展活力，还能确保吸引更多的社会资源进入行业内部，对行业创新发展形成对冲成本的上升，这恰恰是市场经济充分体现层次性和高水平的理想条件。

与此同时，政府部门还要进一步加大对新能源汽车生产制造企业、网约车服务企业、互联网医疗企业的政策扶持力度，为这些企业制定一整套行业

法规和行业标准，从而让限制区域新动能发展的相关规定得到全面优化，并最终形成有利于新技术更迭和产业改革的快速响应机制。这样不仅可以帮助各区域有效建设适应时代发展大环境的创新生态，并且帮助更多的市场主体迎来创新发展新机遇。

（四）依托优质营商环境，打造包容性较强的创新生态

所谓的理想营商环境，其实质就是良好的生产关系，这恰恰也是区域经济发展软实力的重要体现。这种软实力的存在，通常可以确保区域产业发展具备较强的竞争力，以及较大的吸引力，所以在构建协同发展的现代化产业体系过程中，营商环境通常被视作关键的外部变量。对此，在进一步提升区域经济发展软实力的过程中，政府部门必须做到公平且公正监督，营造出良性的市场竞争大环境，进而让市场活力得到充分激发。

1. 进一步加强政府部门简政放权，全面优化政务服务

政府部门在全力推动经济与社会发展的过程中，所扮演的主要角色应为"主导者""组织者""参与者"，并非传统意义上的"掌控者"。所以，在打造完善的现代化产业体系过程中，政府部门要主导各市场主体全力构建出理想的营商环境，通过提供一系列便利条件，力求市场营商环境得到积极优化，从而赋能新质生产力的不断发展与进步。其间，政府部门必须做到系统联动，通过各种工作会议，以及全面开展专题培训活动的方式，促使各系统之间形成联动状态，让各系统针对其业务开展的过程相互交流经验，进而确保系统与系统之间，以及部门与部门之间形成精准的上下级对接。

以此为基础，政府部门还要积极开展营商环境评价工作，通过参考和借鉴其他城市营商环境评价指标构建原则和方法，对本地区市场营商环境评价指标体系予以构建和完善，并在所辖区域范围内进行广泛使用，确保营商环境评价工作高效运行。另外，相关部门还要通过向所辖区域定期发布《中国营商环境报告》（省域报告）和《中国营商环境100强》（城市榜单）的方式，有效督促所辖区域加快理想营商环境的构建与优化步伐。

2. 全力扶持新企业成长与发展，提升政府服务质量

对于营商环境形成的必要前提条件而言，市场主体是否丰富发挥着重要作用，其原因在于市场主体作为活跃市场营商环境的动力因素，其丰富性越明显，就意味着交易活动的频率越高，交易成功的次数越多，市场内部的营利也会随之逐渐增加，社会经济的新增长点自然会不断增加。政府应极尽可能地为新企业的形成、成长、发展提供针对性服务，既要对服务流程有效简化，还要制定实施性政策、提供及时的信息、出台权益保障性法律法规、提供充足的人力资源和硬件资源保障条件。这样才能确保政府始终关注市场营商环境发展的动态，不断增强市场主体在市场营商环境中的活力。

同时，政府部门还要全面推行市场主体信用评级与税收便利挂钩的制度，这样既能整体性提升市场主体的信用度，还能让更多的市场主体享受到更多税收减免政策，从而减轻市场主体在行政审批和信用审批阶段的负担。该制度的施行可以增强广大新创企业，以及中小型企业在初创阶段和企业发展阶段的获得感，市场活跃度也就此得到有效提升。在这里，政府部门还要深刻意识到优化初创企业融资环境的重要性，结合企业从无到有，再到发展壮大所要经历的不同阶段，将企业切实需要予以深层次研究与分析，通过不断加大政府引导资金的投入力度，以及引入更多天使投资、创业投资、科技金融等金融服务手段，让处于不同发展阶段的企业或个人都能得到政策性资金扶持，以此打造理想营商环境，为促进新质生产力的全面发展提供关键性的推动作用。

3. 全面强化经济基础设施建设，加大数据平台构建力度

结合当今市场经济发展的大形势，可以看出人工智能、知识付费、量子通信、远程教育、第三方支付等领域正在成为社会经济发展的主要力量，而与之相关的市场主体对于营商环境也有着明确的需求。其中，对于经济基础设施匹配度的需求，是广大市场主体基本需求。对此，政府部门既要全面完善网络基础设施的建设，还要加大基因库、信息资源库、新能源汽车充电桩等设施建设力度，以满足市场主体日常生产经营的基本需求。

与此同时，政府部门还要不断加快政府服务信息系统的建设进度，确保各类数据信息得到充分整合和高效利用，并最终形成能够覆盖国内全行业的数据资源块，确保为国内高精尖产业创新发展提供强有力的硬件支撑。在这里，政府政务信息系统的全面建设还有助于各政府部门有效简化服务流程，确保各项审批流程趋于"扁平化"，为当今中国市场经济新业态的形成与发展提供高质量服务。

（五）提高对外开放程度，促进资源全球化配置能力的发展

放眼当今国际产业发展的大格局，可以看出产业之间的竞争格局已经发生了明显变化，虽然国际各领域的合作正在不断增加，但是在产业发展层面依然存在垄断现象。为此，中国经济与社会的高质量发展必须审时度势，结合国际产业发展的大趋势和新特点，以国际先进原则为重要依托，不断优化国际合作的新模式，进而开拓出有利于全球资源利用、业务流程优化、产业链高度整合的现代化产业体系，从而实现中国产业发展的国际地位不断提升，全面加快产业高质量发展的进程。

1. 外资的市场准入门槛要进一步降低

从当今中国市场发展大环境出发，可以直观感受到外资企业对中国市场经济发展起到了促进作用。其中，具体表现就是外资企业的进入造成国内各行业竞争压力不断增大，市场主体发展的创新性正在被不断激发出来，促使中国市场营商环境逐渐趋于理想化。对此，政府部门要向外资企业全力推行准入前国民待遇制度和负面清单管理制度，确保服务领域的对外开放切实得到深化，让外资企业普遍感受到金融、科技、医疗、电子信息等领域的开放力度，从而彻底改变外资企业进入重点领域"难上加难"的境地，在无形中帮助中国积极改善营商环境。

在实践操作过程中，政府部门要利用国内市场所具有的优势条件，主动引进覆盖新一代信息技术、生物、节能环保、装备制造等领域的企业进入中国市场，促进国外企业来华投资新一轮热潮的全面形成。政府部门还要立足最近国家大力打造的大规模对外开放平台，探索出更高质量的便利化贸

易、自由化投资、国际化金融发展新政策和新制度。在这里，政府部门还需特别关注对生产制造业准入条件的制定，要做到尽量简化"负面清单"的内容，还要对产业安全性进行有效审查，力求优质的外资企业能够不断在中国扎根。

2. 制定出完整的引智引技体制

中国在市场经济发展过程中，积极引进外资企业的目的之一就是要促进现代化产业体系的构建与发展。但在引进的过程中，需要有明确的侧重方向为支撑，由此才能确保现代化产业体系构建与发展的短板得到充分补齐。在这里，政府部门应该重点引进具备较高科研水平和技术研发能力的外资企业，与之共同构建具有国际开放性质的实验室，以及产业创新联盟等机构，为中国高新技术领域的跨越式发展提供强大动力。

政府部门还要将具有丰富教育资源，且具有一定办学经验的外资企业作为引进对象，与之共同开办高等院校，并在国内开设专业领域内的研发中心，以此来推动中国战略性新兴产业的快速发展。在这里，政府部门还要简化相关外籍科研人员、教育人员、管理人员居留审批流程，并且为其兴建专属的定居点，做到以崭新的姿态和竭诚的服务吸引国外优质人才，进而为中国现代化产业体系建设与发展拥有充足的人力资本提供有力保障。

3. 大力支持国内企业"向外"探索

在探讨中国经济与社会发展道路的过程中，政府部门在全面深化对外开放，促进现代化产业体系高质量发展时，不仅要秉承"引进来"的思想，让众多国外优质企业进入中国，为优化中国营商环境发挥出积极作用，还要坚持"走出去"的对外开放思想，确保更多的产业发展理念能够顺利反馈回国内。在实践过程中，政府部门要始终将政策指导和公共服务的完善视为重中之重，不断加大对境外合作区和科技园区的建设力度，促进中国与国际社会之间广泛形成技术合作和产能合作。

另外，政府部门还要大力推动有实力的国内企业积极承担装备制造领域、技术研发领域、标准制定领域、品牌建设领域的工程任务，确保国内优势产业在国际市场能够得到有效输出，以此来有效增强国内各行业在国际市场中的核心竞争力。在此基础上，政府部门还要加大国内企业跨国公司建设的投入力度，通过有效整合产业链、有效资本运作、国内外联合经营、设立驻外分支机构等方式，让中国产业更好地融入全球创新体系和产业分工体系之中，进而实现全面提升国内企业全球资源配置能力，有效促进中国现代化产业体系的可持续发展，这能够为中国营商环境的构建与发展，以及新质生产力的形成与发展起到优化和推动作用。

二、推动数字经济全面发展

随着时代发展进程的不断加快，数字经济发展与营商环境的优化已经成为当今政府工作的重中之重，前者主要指向虚拟经济，而后者通常指向实体经济。也就是说，在当今时代市场经济发展大环境中，促进虚拟经济和实体经济的共同发展是政府工作的两个基本任务。对于数字经济的发展而言，政府要发挥带头作用，以保障当今市场营商环境的良性发展。

（一）加强数字营商环境的顶层设计

数字技术、数字化方法、数字化手段在各行各业的广泛应用，推动着中国经济正式步入数字时代。在该时代背景之下，中国政府也要随之向数字化转型，将各种数字技术应用于日常政务之中。对此，政府部门应该确立与营商环境高度融合的顶层设计，确保政府政务工作更好地推进中国数字经济发展，为理想营商环境的构建提供良好服务，从而加快新质生产力形成与发展的步伐。

政府在这一领域的实践操作中，要将打造数字营商环境评估体系作为核心，立足国家层面进行评价制度和评价方法的确定，并且围绕国家对于营商环境构建与优化的整体标准确立评价指标体系，以此来确保评价过程和评价结果不仅具有高度的明确性，还具备高度的准确性和可信性。以此为基础，政府部门还要科学借鉴其他区域已经总结出的成功经验，不断对本区域的评价制度进行升级调整，对评价工作的具体内容、实施过程、评价重点、评价标准予以科学改进，力求数字营商环境评估工作不仅能够客观反映本地数字营商环境的现实情况，同时评价过程更具有高度的规范性。

（二）实现数字政府与营商环境的深度融合

当今全球经济发展大环境已经呈现出了较为明显的特征，即数字经济逐渐成为全球经济发展的主要影响因素。因此，中国作为世界第二大经济体，适应全球经济发展大环境是确保中国经济又好又快发展的关键途径，以数字化改革为导向的数字政府建设是大势所趋。在这里，政府部门应该深刻意识到全面提升数字政府建设水平，对于全面促进营商环境构建与发展发挥着积极作用，前者能够对治理结构予以科学重构，后者则是对市场大环境功能目标的有效调整，这样二者之间就形成了"结构－功能"关系。

政府部门在建设数字政府的实践操作过程中，先要以新发展格局为根本立足点，不断强化将数字政府与营商环境评价体系相融合的实践探索，将建设目标不仅放在全面打造高效率数字政府之上，还要放在全力加快理想营商环境的建设之上。其间，政府部门应该将营商环境的理想程度作为数字政府建设水平的重要评价指标，并视为决定数字政府建设"成"与"败"的主要因素，这样才能确保政府部门在推动区域新质生产力发展过程中有效发挥职能和作用。

（三）推进政府部门与营商环境的有效联合

政府作为引领时代经济与社会发展的主体，在当今时代大背景之下，自身的职责以及工作途径应发生相应改变，由此才能确保为经济发展提供良好的宏观调控和服务作用。当前中国已经全面迈入数字时代，实体经济发展同样不容忽视，所以政府部门不仅要向数字化转型，还要对营商环境领导机构的管理机制进行全面调整，确保主抓营商环境的政府部门能够与数字政府有关部门高度兼容，做到以全面实现数据共享并打通数据壁垒的形式，对市场营商环境进行有效优化。

政府还要加强各部门之间的联动性，通过协同优化管理和全面优化行政审批、信用审批流程的方式，不断提高政府政务服务的效率，进而全面提升政府行政许可阶段工作的便捷性。例如，政府在实施跨境贸易管理的过程中，可以通过政务服务系统和电子商务平台的有效对接，将金融服务纳入政府政务服务的范畴，这样既能加快政府行政审批和行业信用审批的速度，还能使项目投资企业在行政审批和信用审批阶段有效降低成本。

（四）打造优化营商环境的评估体系

营商环境的持续优化已经成为当代政府政务工作重中之重，决定着政府建设能否实现向数字化成功转型，能否切实为新质生产力的全面形成提供有效服务，政府应该建立一整套专属于营商环境的评价体系。全面建立一套科学合理的营商环境评价体系是一项系统性工程，不仅要明确评价的基本目标和原则，还要确定具体的评估方向和内容，由此才能让市场营商环境的理想化得以充分体现。

为此，政府部门先要对营商环境评价体系的整体结构进行合理设计，其中既要包括制度层面的设计，还要包括执行层面的具体设计，力求评价过程不仅具有严格的规范性，还具备评价视角与评价方向的客观性和全面性。在这里，政府部门需要特别强调将电子商务和政府信息化系统建设作为重要评价指标，这样可以有效反映出数字营商环境和数字政府建设的统一性，进而让营商环境建设的基本内涵在评价体系中得到充分诠释。

（五）高度重视国内市场复合型人才的供应

从生产要素的基本构成角度分析，在生产力与生产关系中，人才始终是确保二者平衡发展的关键要素之一。由此可见，人才在生产环境优化的过程中，必须被视为重要的因素。也就是说，政府部门在全力推进营商环境发展，促进新质生产力不断形成的过程中，必须将培养高质量的人才放在重要位置。其中，大力培养复合型人才应该作为主要的方向，由此方可确保数字时代背景之下，营商环境与新质生产力的平衡发展。

政府部门在实践操作过程中，需要帮助广大普通高校和职业类院校建立一整套复合型人才培养体系，并且做到对复合型人才发展环境予以不断优化，这样人才培养的过程和成果才能始终与当代营商环境高度契合，并对新质生产力的形成与发展发挥积极推动作用。其间，要鼓励广大普通高校和职业类院校积极采取"引进来"和"走出去"的人才培养策略，让工学结合、校企合作成为人才培养过程中的主导，切实做到人才培养过程以项目为带动，既对人才的理论基础予以夯实，还确保人才具备高水平的实践操作能力，从而为营商环境的持续优化和新质生产力的形成与发展形成显著推动力。

（六）实现营商环境建设条例与法律体系高度融合

从市场发展的角度分析，规范化的营商环境是确保经济与社会高质量发展的必要条件，也是新质生产力顺利形成和发展的重要保障。在全力推动数字经济发展的过程中，数字政府的建设要强调数字营商环境相关法律法规的完善，力保数字政府的经济发展大环境治理工作有法可依、有章可循、有据可查，切实提高数字政府在理想营商环境构建中的服务效率。

在实践过程中，政府部门应该先对数字经济发展大环境下的数字政府建设具体要求进行深入分析，同时结合该时代背景探究市场主体生存和发展的具体需要，并以此为中心进行统一谋划和统一实施，最终形成一整套数字营商环境管理法律法规体系。在法律法规的执行过程中，政府部门要深化"放管服"改革，根据数字营商环境构建过程中所取得的成功经验，总结出有利于营商环境进一步发展的制度规范和法治规范。以此为基础，政府部门还要加强数字营商环境程序性规制建设工作，力求各市场主体在参与数字经济活动时，始终处于规则公平、机会公平、权利公平的大环境之中，以此不断促进新质生产力的形成与发展。

第四节　要素优化：政府高度注重金融市场和信贷市场的同步发展

提高全要素生产率是社会生产力提升的关键，特别是科技创新是当今社会全面提高社会生产力水平的核心要素。从当今时代经济发展大环境来看，全面加快新质生产力发展步伐的实践活动，还有诸多要素需要加以高度关注，其中金融市场和信贷市场的同步发展是不可或缺的关键性要素。在优化营商环境、赋能新质生产力发展的实践过程中，政府部门如何才能保障金融市场和信贷市场协同发展，笔者认为应从以下五个方面入手，具体如图5-6所示。

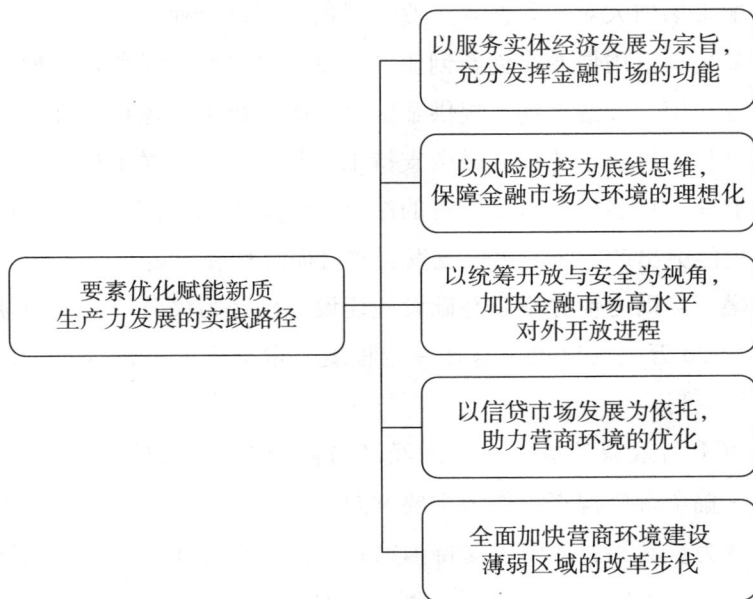

图 5-6　要素优化赋能新质生产力发展的实践路径

一、以服务实体经济发展为宗旨，充分发挥金融市场的功能

结合当前中国经济发展所取得的伟大成就，可以看出中国在探索新时代经济发展道路的过程中，高度重视金融市场发展走向，不仅在融资规模上不断扩大，更在融资结构上不断做出调整，以求金融市场功能得到充分发挥，进而实现营商环境的优化，这为新质生产力全面形成与发展提供了理想的软环境。具体而言，2023年10月底召开的中央金融工作会议所公布的数据显示，中国依然有154万亿人民币的债券余额可供融资市场所用，其规模位列

世界第二位。其中就包括 66.2 万亿元人民币的政府债券、37.2 万亿元人民币的金融债券、34.2 万亿元人民币的公司信用债券。这些债券余额既有利于政府有效推行新的财政政策，提高国家经济增长的稳定性，还有利于为各市场主体提供广阔的融资空间，确保金融市场更好地服务于国家经济与社会的可持续发展。同时，中国金融市场还对资金供给结构方面做出了调整，从而保障金融市场资源的作用方向更加明确，满足当代市场主体融资的基本需要。其中，金融市场加大对高新技术产业、绿色发展型企业、小微企业的资源投入，让更多公司信用债券在创新创业型、乡村振兴型、绿色发展型企业中发挥金融服务作用。金融市场在提供金融服务的过程中，还相继推出了具有创新性和标准化的民营企业债券融资支持工具与票据，这样不仅使具有创新性的企业能够获得更多可以直接融资的途径，保障中国经济发展的新增长点不断出现，更能突出产业链、供应链发展的可循环性和稳定性。截至 2023 年 9 月末，金融市场助力债券市场基础设施建设，已经为民营企业减免债券相关费用达到 5820 万元人民币，这在一定程度上帮助广大民营企业实现了融资成本的有效控制。

结合以上所取得的成就，中国经济与社会在未来的发展过程中，依然要将深度挖掘金融机构资源作为主要方向，为实体经济高质量发展提供更为强大的支持力。其间，要大力支持国家政策性银行全面设立基础设施专项基金，并且不断加大国家在"一带一路"等重大项目建设方面的投入力度，以此来保障政策性金融能够在金融逆周期发展过程中充分发挥出调节功能。在实践操作中，金融市场主管部门可以将永续债作为重要抓手，为银行提供更为可靠的资本补充途径，这样不仅可以提高各商业银行整体资本的充足性，还能有效增强商业银行的资本实力和信用贷款业务的落实能力。在永续债的发行过程中，金融市场主管部门要针对小微企业、助农企业、绿色发展型企业、创新创业型企业推出专项金融债券，让金融资源逐渐侧重于绿色发展和科技创新。政府部门还要对市场主体表达出的资产配置需求，以及风险管理需求予以充分满足，在为其提供承销等服务的同时，还要为其提供中介服务，力求为广大市场主体营造理想的金融环境。同时，政府部门还要进一步加大对金融机构柜台债券扩容的投资力度，通过各种措施的共同实施，打通多条为个体工商户、中小型投资机构提供债券投资的通道，并且确保这些通道具有普惠、方便、快捷、易操作的特点。在这里，金融市场主管部门还要鼓励广大商业银行不断推出具有创新性的衍生产品，可以通过利率互换和利率期权产品纷纷在金融市场问世的方式，实现不断满足市场主体对金融市场资源配置方面的切实需要。

二、以风险防控为底线思维，保障金融市场大环境的理想化

各级政府部门在全面优化营商环境，加快新质生产力形成与发展步伐的全过程中，始终要将打造高度规范的市场规则视为重要一环，不仅要对金融市场的发行和交易行为予以规范，还要对市场法治化建设的进程和金融基础设施统筹监管制度的完善高度重视。其中，在金融市场的发行和交易行为的规范方面，政府部门要与金融市场主管部门共同发布债券市场的发展规划和监管协同措施，充分做到在分类趋同原则的作用之下，让市场主体的信用类债券信息得到有效披露，同时在违约处置和信用评级方面，始终以统一的规则来执行，从而让市场始终保持高度透明和充分揭示风险的状态。与此同时，政府部门还要与金融市场主管部门共同完善针对债券市场二级交易的监管措施和行为规范，以求金融市场的流动性始终保持理想状态。在具体实践操作过程中，政府部门要与金融市场主管部门保持密切合作，共同对货币市场的制度予以完善，并建立具有流动管理能力的债券市场二级交易管理框架。该管理框架既要包括同业拆借款的管理细则，还要包括债券回购以及债券借贷方面的具体管理细则，由此来保障参与债券交易的市场主体在债券交易的行为中始终具有高度的规范性。除此之外，政府部门与金融市场主管部门还要高度重视黄金交易方面的管理制度建设，以此来保障金融市场发展大环境始终具有较高的稳定性。在上述领域各项制度运行过程中，市场主体一旦出现违规操作的情况，那么政府部门和金融市场主管部门必须以"零容忍"的态度，要求金融市场有效规避各类风险。政府部门和金融市场主管部门在实践操作过程中，需要以深入贯彻落实党中央、国务院关于债券市场法治化

建设所提出的具体要求为基本前提，确立一整套严格控制债券市场违规操作的执法机制，做到及时甄别违规或违法现象，还要对相关案件给出具体的处理意见，不断加大惩处力度，力求广大市场主体的合法权益能够得到充分保护，这也会对提升债券市场整体信用水平起到夯实基础的作用。

在市场法治化建设过程中，政府部门要与金融主管部门共同打造完善的违约风险防控与处置机制，确保该机制不仅具有高度的司法效力，还具有行政管理效力和自律处分效力，能够对债券违规操作行为予以强有力的约束。在这里，政府部门和金融市场主管部门要高度重视债券市场违约行为的司法救济，明确债券市场违约处置情景工具箱，还要确保违约处置情景的全覆盖，切实保障金融市场具备较强韧性，有效增强金融市场风险防范和风险化解的能力。在金融基础设施统筹监管制度的建设过程中，政府部门要紧紧围绕中共中央关于全面深化中国经济改革的战略部署，联合金融机构共同编制金融基础设施建设、运行、维护、监管的总体规划方案，确保政府部门、金融主管部门、债券市场基础设施之间始终保持相互联通的状态，提高要素市场各要素的流动性。在这里，政府部门还要与广大商业银行共同打造高质量的金融基础设施服务措施，在保证金融基础设施稳定运行这一基本要求的基础上，全力提升金融市场抗击外部风险的能力，为区域营商大环境的优化，新质生产力的不断形成与发展打下坚实基础。

三、以统筹开放与安全为视角，加快金融市场高水平对外开放进程

随着中国经济发展速度的不断加快，中国政府已经深刻意识到要确保中国经济高质量发展，就要全面加大优质外资金融机构、优质国外长期资本的引进力度，由此方可达到不断繁荣中国金融市场，并为中国市场经济发展不断增添活力的目的。自 2017 年起，中国债券市场中的境外投资者不仅包括境外中央银行机构，以及人民币境外清算行和人民币境外参加行，还包括了境外持牌金融机构等中长期投资者。以熊猫债的发行主体为例，其不仅包括国外政府正在发行此债券，还包括国际开发机构和境外金融（及非金融）机

构正在发行此债券，据中国人民银行所公布的数据，至 2023 年底已经累计发行 7500 亿元人民币，涨幅与 2017 年相比达到了 240%。2023 年 11 月 30 日中央金融工作会议所发布的数据显示，黄金市场国际版会员数量已经突破 100 个（共计 103 家机构），2023 年底的交易规模累计达到 24.6 万亿元人民币，交易量更是 2017 年的 6.8 倍。这些正是中国倾力打造理想营商环境所取得的伟大成就，对加快中国新质生产力形成与发展步伐起到了强有力的推动作用。与此同时，政府部门依然要牢牢把握国内金融市场的联通性，以国内各大金融中心城市为圆点，实现债券"北向通"，确保与国际金融市场之间保持"互换通"和"一点接入"的状态，通过一系列的金融制度确保信息对称，以此来帮助国内和国际金融投资者在国内和国外开发出更多金融衍生品。这些操作繁荣了中国金融市场，也为中国经济又好又快发展提供了良好的动力条件。在这里，政府部门需要在开放型的金融制度方面加以高度重视，具体操作过程既要将境外金融投资者的调研工作视为基础中的基础，还要将协同有关部门建立国际统一的债券市场开放框架作为重要组成部分，这样不仅可以确保中国金融市场更好地响应国际金融市场的诉求，让国内与国际债券市场的发行交易、登记结算、评级与税收制度形成有效对接，确保国际金融投资者在国内金融市场的投资变得更加方便快捷，同时有利于国内金融市场的有序运作，从而为中国营商环境的优化，以及新质生产力的全面形成与发展提供重要保障。

　　放眼未来发展，中国金融业应始终秉承中央金融工作会议的精神，始终将建设中国特色现代金融体系作为根本任务，以加快中国金融市场高质量发展步伐为主要目标，高质量完成将中国建设成为金融强国的伟大任务。这也意味着在今后的金融市场发展过程中，政府部门依然要秉承"以人民为中心"的价值取向，继续努力拓宽金融市场资金注入实体经济市场的主要渠道，并加强对融资结构及资金供给结构的科学调整，让金融市场对营商环境的服务作用能够最大限度体现出来，以此促进各区域新质生产力的全面发展，力求中国经济高质量发展过程中的重点环节和薄弱之处能够得到彻底夯实。在此基础上，金融主管部门还要进一步加强针对金融市场的监督管理与风险防范工作，在不断调整和完善金融市场内部体制的同时，加大促进金融市场发展的基础设施建设力度，逐渐走向体系化建设之路。其间，监管部门还要对金融市场发展的预期予以科学引导，不仅要坚守系统性金融风险底线，还要保证金融市场的健康稳定运转。另外，各级金融市场主管部门还要在确保金融安全和经济安全的两个前提之下，最大限度实行开放型的金融市场规则、开放型的金融市场管理、开放型的金融市场标准，加快中国金融市场"引进来"和"走出去"的发展步伐，努力实现国内和跨国金融业务便利性最大化，为营商环境的优化和新质生产力的快速形成与发展注入不竭动力。

四、以信贷市场发展为依托，助力营商环境的优化

从金融学角度出发，信贷市场与金融市场之间始终保持着紧密互动关系，其原因在于信贷市场能够为市场主体提供各种形式的贷款和信用产品，而金融市场则能够为信贷市场提供良好的运营环境，营商环境也会在这些作用之下不断趋于理想化。由此可见，信贷市场不仅为金融市场的发展提供重要的保障，发挥服务作用，同时对营商环境的发展也起着助力作用。对此，政府部门要深刻意识到信贷市场在全面优化营商环境中所具有的"保姆作用"，通过分解"获得信贷"指标的方式，不断强化信贷市场的责任感与使命感，确保信贷市场发展考核指标能够得到不断完善。信贷市场主管部门必须不断增强服务意识，用最优质的全程化服务帮助市场营造更加趋于理想化的营商大环境，切切实实地帮助广大市场主体摆脱资金来源渠道狭窄，以及资金链容易断裂等实质性难题。在此基础上，政府部门还要协调信贷市场，促使其深刻意识到在优化营商环境过程中必须有效发挥"金融管家"的作用，这样才能为各区域营商环境的理想化发展提供强有力的推动。在这里，政府部门需要向广大信贷中介机构提出"当好市场主体大管家"和"成为金融产业布局者"两项基本任务，并且带动广大信贷中介机构，通过对当地信贷市场的综合协调，确保所辖区域的市场主体全面提升自身的信贷获取水平，进而实现融资渠道不断拓宽。具体操作在于政府部门要让信贷中介机构与市场主体形成有效对接，让广大市场主体能够以最简单、最便捷、最高效的方式

全面了解现有信贷产品。在此之后，政府部门指导广大市场主体根据自身的实际情况，科学合理地对信贷产品做出选择。政府部门在强化该项措施的同时，还要积极组织开展政银机构之间的洽谈会，明确信贷中介机构要与该地区市场主体广泛签订合作协议，不断创新信贷方式，力求广大信用水平达到规定标准的市场主体真正摆脱"融资难"和"融资贵"的局面。

在上述工作得以全面落实的基础上，政府部门还要向广大信贷中介机构明确另一重要职能，即为广大市场主体提供金融市场直接对接的条件，确保在当地营商环境优化的过程中，充分发挥助力作用。其间，政府部门的具体操作主要包括三项重要工作。一是强调广大信贷中介机构在做好基本中介服务各项工作的基础上，要确保与上级主管部门之间形成有效的业务对接，力求上级主管部门所推出的新业务范围、业务准则能够第一时间在本区域得到深化落实，进而保障当地信贷中介机构的业务范畴能够得到不断扩展，为广大市场主体不断提供新的信贷中介服务项目。二是明确要求广大信贷中介机构主动向上级主管部门汇报和请教绩效考核指标赋分规则，做到充分了解，还要将其加以全面实施。以实施的具体结果为重要依据，将其与其他区域的实施过程和结果进行客观对比，从中找出存在的薄弱环节，采取有效改善当前现实情况的重要举措，并不断将相关举措予以细化和改进，力保信贷中介机构对市场主体所提供的融资渠道始终可以保持高度的理想化。三是政府部门始终要用数据来体现信贷市场发展过程中所取得的成果，数据中反映出政府部门对当地营商环境优化所做出的贡献。在此过程中，政府部门要始终关注当地信贷中介机构在全国范围内的绩效考核排名，并且始终立足排名较高的区域信贷市场发展所采取的具体措施，通过相互比较的方式深入挖掘自身短板，不断对信贷中介机构发展方向和发展方式做出优化调整，力求当地信贷中介机构在全行业内的排名实现整体性持续提升，以此来保障当地营商环境优化与发展的进程不断加快，赋能当地新质生产力发展。

五、全面加快营商环境建设薄弱区域的改革步伐

2022 年，中国共产党第二十次全国代表大会的胜利召开，向全世界传递

了一条重要信息，即中国全面开启了社会主义建设与发展新时代，中国经济与社会也随之进入高质量发展阶段。在这一时代背景之下，党中央、国务院对全国各地区全面优化营商环境提出了明确要求，各级各部门也对重点领域营商环境的全面建设提起高度重视。其间，简化职能部门的审批流程、加大监管部门的监督管理力度、增强职能部门的服务能力，成为各级政府部门普遍关注的焦点，以求当地固有的营商环境发生明显的改变。各地区的基础条件存在明显差异，导致区域经济与社会发展所处的大环境各不相同，所以各地全面实施营商环境改革所取得的成效也不相同，部分地区依然很难改变行政审批流程过于复杂的局面。为此，未来在全面加快营商环境建设区域的改革步伐方面，政府部门应该从以下三方面入手。

一是深入解读《优化营商环境条例》核心思想与具体要求，探寻优化营商环境的根本立足点和主要方向。该条例作为中国第一部关于系统改善各地区营商环境的政策法规，具有高度的适应性。该条例既对新时代中国营商环境建设的总体目标做出了明确指示，还根据不同地区当前经济与社会发展的实际情况，对营商环境建设的总体要求给出了明确的规定。各地区只要以此为依据，就能找出适合当地经济与社会发展实际情况的营商环境建设的具体路径和措施。其中，强化政府的服务意识和服务能力显然是最根本的要求，各地区政府部门都必须以此为基础，以不断探索政府数字化转型之路为起始点，对当地市场主体保护措施、市场环境优化策略、政府服务的原则与路径、监督执法模式、法治保障制度予以有效确立，从而打通当地营商环境改革的"最后一米"，切实缩小与营商环境优质区域之间的差距。

二是放眼国内先行示范区建设情况，结合当地实际情况有效借鉴成功经验。近年来，中国政府在全面引领经济与社会又好又快发展的过程中，充分体现出"以一点带局部""以局部促循环"的发展局面。具体而言，国家高度重视对重大战略的服务保障措施，如京津冀、长三角、雄安新区、上海浦东新区、天津滨海新区，做到集多方力量为各经济发展重点区域提供优质的政府服务和政策服务，以及强大的技术支撑条件和金融服务，其目的就是让这些具有辐射作用的经济发展重点区域打造出理想营商环境，进而带动周边地区营商环境发生质的改变。并未处于经济发展重点区域的周边地区，对于营商环境改革不能始终处于被动状态，要始终积极主动地汲取其他地区所取得的成功经验，通过优化当地服务保障措施等多个方面，让更多的市场主体能够感受到当地营商环境所具有的优势，这样才能确保当地市场主体的丰富性不断增强，营商环境改革所取得的成果才会日益显著。

三是因地制宜争创细分领域标杆，形成独具特色的市场营商环境品牌。针对经济建设相对薄弱的区域，政府部门在全面加快营商环境改革步伐的过程中，应始终围绕城市发展的水平、潜力、现有基础条件三个方面进行深入思考，对中央财政拨款做到专款专用，加强对拨款使用的合理性进行动态评估，从而确保当地基础条件能够得到切实改变，为优化营商环境打下坚实基础。在此基础上，要结合当地所具有的资源优势进行产业细分，力求通过突出一点带动其他产业实现全面发展，进而打造营商环境特色品牌，最终形成百舸争流的创新局面，实现快速缩小与营商环境优质区域之间的实际差距。

第六章 营商环境赋能新质生产力发展的成功案例

第一节 上海市营商环境赋能新质生产力发展案例分析

上海市作为中国华东地区经济中心，自古以来就是中国南方地区的"经济重镇"，在促进南方经济发展的过程中，始终发挥着重要的辐射作用，在国际上更是被誉为"金融城"。特别是浦东新区陆家嘴街道，地处上海市金融贸易区的核心地段，近年来被国家评为上海经济发展最具活力的示范区域。随着时代发展步伐的不断加快，上海市政府瞄准依托金融产业发展优势推动新质生产力发展这一区域经济与社会发展大方向，开启了进一步优化区域营商环境的新征程。经过上海市委、市政府的统一布局和行业主管部门的共同努力，上海市营商环境赋能新质生产力发展已经取得了明显成效。

一、上海市营商环境赋能新质生产力发展具体做法

（一）对标改革提升行动

1. 市场准入方面

在市场准入方面，上海市致力优化企业登记服务，提升"上海企业登记在线"系统的服务质量。该系统不仅专注于企业登记，还将个体工商户和

农民专业合作社的登记业务纳入其中，旨在实现更全面的服务覆盖。落实名称申报承诺制度，进一步完善企业名称核准的争议解决机制，可以为企业提供更高效的登记体验。为了简化企业住所登记手续，上海市建立了标准化的企业住所登记信息库。此举依托数据核验技术，使企业提交住所登记材料手续更加简便。在城乡社区服务体系建设的背景下，上海市还为居民服务业个体工商户提供了登记地址的便利措施，进一步推动小微企业的发展和规范化运作。

在集中登记地的管理方面，上海市实施了规范化的认定和管理制度。通过引导入驻企业遵守法律法规，确保集中登记地内的企业合法合规经营。此外，根据中国受益所有人信息备案制度，上海市适时启动了受益所有人信息备案工作，进一步提升企业信息透明度和合规性。为了推动企业信息化建设，上海市全面推广"一企、一照、一码"管理，依托全国统一的电子营业执照系统和"经营主体身份码"。这一举措不仅简化了企业的行政手续，还为企业提供了更多具有前瞻性和引领性的创新应用场景，助力企业在数字化转型过程中获得更好的支持。

在企业登记信息的管理方面，上海市正在探索实现企业登记信息变更后，在相关部门的业务系统中自动更新的机制。这种自动化更新方式旨在减少企业和政府部门之间的重复沟通和信息提交，提高行政效率，进一步优化营商环境。

2. 获取经营场所方面

在获取经营场所方面，上海市相关政策聚焦于施工许可与规划用地审批的衔接，以及中介服务、区域评估和用地清单制等关键领域，通过深入推进区域一体化改革，致力提高审批效率和服务水平。为此，上海市进一步巩固了规划资源领域的多项改革成果，包括"多审合一、多证合一、多测合一、多验合一"和不动产登记改革。这些措施显著简化了审批流程，减少了企业办事环节中的重复劳动。在具体的改革实践中，上海市深化了建筑师负责制和企业投资项目承诺制的试点工作，鼓励更多建筑项目实施住宅工程质量潜在缺陷保险制度，这一举措为提高建筑工程质量提供了额外的保障。同时，在消防审验领域，上海市在一般项目中推行了告知承诺制，简化了审验程序，减轻了企业的行政负担。

为了进一步优化工程建设项目的审批服务，上海市对全流程审批系统的服务功能进行了迭代优化，使得工程建设项目的审批更加高效、透明。与此同时，上海市还推动区级审批审查中心的实体化建设，巩固了"审批不出中心"的改革成效，使得企业可以在一个地方完成所有审批事项，显著提高了办事效率。在跨部门和跨区域审批服务方面，上海市着力优化协同办事流程，推动系统之间的数据治理和互联互通，确保各部门之间的信息共享和无缝对接。为此，上海市推出了"一站式"统一产权负担等尽职调查在线查验平台，这一平台的上线使得企业和个人能够更便捷地进行尽职调查，大大提高了办事效率和准确性。

3. 公用设施服务方面

在公用设施服务方面，上海市已建成统一的地下管线数据库，为项目周边道路提供管线信息分析报告服务。这一数据库的建立旨在优化城市基础设施建设管理，确保在建设过程中相关人员对地下管线的信息有全面了解，有助于减少施工过程中可能出现的意外损害，提高工程的安全性和施工效率。与此同时，上海市在土建基础设施和综合管廊等建设方面适度超前规划，提前布局，为未来的发展预留了空间，这种前瞻性的策略有助于降低长期的建设和维护成本。在占用、挖掘城市道路审批机制方面，改革措施不断深化，审批流程得到简化，使得相关手续办理更加便捷。此举不仅加快了工程项目的推进速度，也降低了项目因审批延误而产生的成本。在电力方面，上海市建立了电力可持续性关键绩效指标体系，定期公开发布相关数据，旨在推动电力供应的透明化和可持续性。这些举措使社会公众更清楚地了解电力资源的使用情况，并为提升电力系统的效率提供了依据。

在供水服务方面，上海市落实了环境可持续性监管政策，通过在线平台集中公布水价、供水可靠性、水质等信息。这种公开透明的做法，不仅增强了政府和供水企业的责任感，也提升了公众对供水质量的信任度和满意度。为了确保通信基础设施的建设和运营，上海市明确将这一领域纳入国土空间规划、控制性详细规划和土地出让条件，确保应建尽建，这为上海市的数字化发展提供了坚实的保障。在通信服务的公平性方面，上海市持续开展商务楼宇宽带接入整治行动，进一步确保各类用户公平享受高速宽带服务。这一整治行动不仅包括新建楼宇，还包括对现有楼宇的宽带接入情况的严格监管。加强工程建设和运营管理，可以保障商务楼宇内的宽带公平接入。各区也将这些情况纳入营商环境考核，确保措施得以有效落实。

4. 金融服务方面

在金融服务方面，上海市相关政策聚焦于绿色金融、担保交易和电子支付等方面，致力优化和完善这些领域的落地机制。通过落实绿色信贷相关政策，上海市政府鼓励企业在申请绿色贷款时，主动提交环境、社会和治理风险报告。这种做法不仅有助于提升企业的环境责任意识，还为金融机构进行贷款审批提供了更全面的信息依据，有效支持了绿色金融的发展。在支持企业融资方面，上海市鼓励企业以应收账款为担保进行融资。当机关和事业单位作为应付款方收到确权请求时，要及时确认债权债务关系，以保障融资交易的顺利进行。通过落实"敢贷、愿贷、能贷、会贷"的长效机制，上海市旨在提高金融机构与企业之间的融资对接效率，并加快贷款审批和发放流程，进一步推动普惠小微贷款的增量扩面，确保更多的小微企业能够获得金融支持。大数据在普惠金融中的应用得到了显著推动，通过强化"信易贷"服务、促进银税互动以及加强地方征信平台的建设和产品服务创新，上海市政策目标在于扩大普惠金融的覆盖范围，为中小企业和个人提供更加多样化和便捷化的金融服务。与此同时，为了提高动产融资的便利性，上海市对动产融资统一登记公示系统的功能进行了优化，使登记和查询更便捷。

5. 国际贸易方面

在国际贸易方面，上海市持续完善"单一窗口"平台的建设，进一步升级移动客户端服务，并积极推进跨境数据交换系统的开发与应用。这一平台的完善旨在简化国际贸易流程，提高通关效率，确保数据在不同国家和地区之间的顺畅流通，从而增强上海市在全球贸易网络中的竞争力。同时，上海市大力加强对中国海关经认证的经营者（Authorized Economic Operator，AEO）的培育和服务，持续推动落实与 AEO 相关的联合激励措施。这些措施旨在鼓励更多企业通过海关认证，享受更快捷的通关服务和其他贸易便利化措施。通过这些努力，上海市希望吸引更多的国际企业和投资者，进一步巩固其全球贸易枢纽的地位。

在检验流程的改进方面，上海市稳步推进检验结果采信工作的实施，探索在大宗资源类商品领域进行采信试点。这种探索不仅可以减少重复检验的时间和成本，还能提高贸易效率，为企业提供更便捷的服务体验。与此同时，口岸检查流程也在不断优化，扩大先期机检和顺势机检的业务模式，可以有效提升通关速度，减少企业的物流成本。针对进口企业的特殊需求，上海市完善了减免税快速审核的准入标准，特别是针对集成电路、新型显示器件和维修用航材等高科技产品，推广"快速审核＋ERP 联网"模式。这一模式的推广，使得相关企业能够更便捷地提交减免税申请，从而更快地获得税收优惠政策的支持。在航空口岸服务能力的提升方面，上海市加快了智能货站、进出口货物查验中心以及"空运通"等系统的建设。通过应用这些智能化系统，上海市航空口岸的服务能力和信息化水平得到显著提升，进一步提升了货物处理的效率和准确性，为国际贸易提供了更加可靠的支持。

6. 纳税服务方面

在纳税服务方面，上海市的有关政策着力提升透明度和便利性，定期公开纳税人的意见和建议，并发布税收营商环境白皮书。这些举措旨在增强纳税人对税收政策和管理信息的了解，促进税务部门与纳税人之间的沟通和互动。为了进一步优化税务服务，上海市正在探索建立税收事先裁定制度及相关工作程序。这项措施将有助于纳税人在遇到复杂税务问题时，能够提前获得税务部门的裁定意见，减少因不确定性带来的潜在风险。与此同时，企业注销流程的进一步简化也是一项重要改革。通过"一网通办"服务，企业可以在一个平台上完成注销的所有手续，显著提高了办理效率。

电子税务局的功能也在不断优化，特别是在网上更正申报流程方面。通过"乐企直连"服务，企业能够实现关键数据的一键导入，极大地简化了申报流程，减少了人工操作的错误和时间成本。这些改进显著提升了纳税的便利度，满足了企业对于高效便捷服务的需求。在税务互动服务方面，金税四期系统推出了"精准推送、智能交互、办问协同、全程互动"的新模式。这一模式，使得税务服务更加精准化和个性化，能够根据纳税人的实际情况提供针对性的政策推送和智能化的服务响应，进一步提高了纳税体验。为保障纳税人权益，上海市还研究和明确本市税务系统的行政复议简易审理程序。通过简化行政复议程序，纳税人能够更快捷地解决与税务部门的争议，提高了税务管理的公正性和透明度。在减税降费政策方面，上海市精准推送和宣传辅导的做法，通过实现"政策找人"，确保了每一个符合条件的纳税人都能及时享受到政策优惠。

7. 解决商业纠纷方面

在解决商业纠纷方面，上海市着力完善多元化纠纷解决机制，充分发挥各级非诉讼争议解决中心的功能，旨在建立一个涉外商事纠纷诉讼、仲裁、调解的一站式多元化解决平台。这种机制的建立，不仅提供了更多的选择途径，满足了不同类型纠纷的解决需求，还为当事人提供了更高效、更灵活的解决方案。为了提升在国际商事仲裁领域的地位，上海市积极推动国际商事仲裁中心的地方立法配套政策实施，为建设成为国际一流的仲裁机构提供支持。通过这些努力，上海市致力在全球范围内解决更多的商事纠纷案件，进一步巩固其作为国际仲裁中心的地位。

在商事调解领域，上海市推进地方立法进程，积极发展商事调解机制。通过优化解纷"一件事"平台建设，上海市旨在提高通过调解途径解决商事纠纷的案件数量。这一平台的建设，旨在为当事人提供一个更加便捷和高效的纠纷解决渠道，从而减少诉讼成本，提升纠纷解决的效率。为适应信息化时代的需求，上海市大力推进"数字法院"建设。通过优化审判智能辅助系统、诉讼全程监督机制、在线支付系统，以及办理进度实时跟踪和庭审时间在线查询等功能，"数字法院"极大地提升了司法服务的便捷性和透明度。此外，上海市还通过技术手段提升执行效率，确保法律的及时和有效执行。在改革举措方面，上海市持续优化快速裁判机制和"随机自动分案系统"，提高了电子送达的比例，显著提高了案件处理的效率。与此同时，上海市通过公开平均用时、费用、结案率等重点质效数据，增强了司法过程的透明度和公正性，使得当事人对诉讼结果有了更强的信任感。为了确保评估鉴定的公平性和规范性，上海市强化了对高频评估鉴定事项的监管，要求中介机构规范收费和尽职履责。这种监管的加强，有助于提升司法服务的公信力，保障当事人的合法权益。通过加强对当事人的程序引导，上海市进一步提高了小额诉讼程序的适用率，使得小额争议能够得到更加迅速和有效的解决。

8. 促进市场竞争方面

在促进市场竞争方面，上海市出台的相关政策积极加强对《中华人民共和国反垄断法》及其配套规章、指南和指引的普法宣传工作，旨在提高市场主体对反垄断法律法规的认识，并促使他们严格遵守相关规定。通过这种普法宣传，上海市希望营造一个公平竞争的市场环境，防止垄断行为的发生，保障市场的健康发展。在知识产权保护方面，上海市实施了知识产权公共服务普惠工程，着力推进专利、商标等领域的公共服务事项集中受理。这一工程的实施，不仅提升了知识产权服务的效率，还为创新主体提供了更加便捷的服务渠道。上海市不断健全海外知识产权维权援助机制，完善知识产权协同保护机制，旨在为企业提供更加全面和有效的知识产权保护。为了推动专利技术的转化和运用，上海市开展了专利转化运用专项行动，特别关注重点产业的知识产权强链增效工作。这些措施的实施，旨在促进专利技术在各个产业链中的运用，提升企业的创新能力和市场竞争力。同时，上海市还全面开展了专利产品备案工作，确保知识产权的有效管理和利用。

在优化市场交易环境方面，上海市深入推进"一网交易"专项行动，着力推动各级平台的数据打通、功能连通和场景融通。这些举措的实施，为市场主体提供了一个更加高效和透明的交易环境，进一步提升了市场交易的便利性和效率。为了规范招投标市场，上海市不断优化和完善招投标规则体系，并探索建立标后履约监管规则。这些措施的实施，旨在提升招投标活动的透明度和公正性，防止招投标过程中的违法违规行为。此外，上海市加强了招投标系统与财政、税务等部门以及银行系统的对接，推广使用电子保函进行投标保证金和履约保证金的管理，并探索实现政府采购工程的电子支付、电子发票和电子保函的全程网络化办理。在政府采购领域，上海市特别关注采购人设置差别歧视条款、代理机构乱收费、供应商提供虚假材料、供应商围标串标等违法违规行为，开展了专项整治行动。这些整治行动的开展，旨在净化政府采购市场，确保政府采购活动的公平、公正和公开，为各类市场主体创造一个健康有序的竞争环境。

9. 办理破产方面

在办理破产方面，上海市出台的有关政策不断完善破产案件的处理机制，通过健全破产案件的繁简分流、简案快审以及执行案件移送破产审查等制度，提升破产案件的处理效率。这样的机制设计旨在确保复杂案件得到充分审理，同时加快对简单案件的审结速度，提高整体司法效率。与此同时，上海市积极研究并探索庭外重组的市场化支撑机制，为陷入困境的企业提供更多的重组机会。通过这种市场化的支撑，企业能够在正式进入破产程序前，尝试通过自我重组来摆脱财务困境，减少因破产带来的经济和社会影响。

为了使中小微企业在破产过程中获得适当的保护，上海市着重建立健全了中小微企业破产保护机制。这一机制为中小微企业提供了更具针对性的破产保护措施，帮助它们在面临财务危机时，得到更好的法律支持。

在企业重整事务方面，上海企业重整事务中心的服务功能得到了进一步完善。通过优化这些服务功能，企业在重整过程中可以获得更加专业和全面的支持，得以更有效地完成重整，恢复正常经营能力。此外，上海市还完善了破产重整企业的信用修复机制，帮助重整成功的企业尽快恢复信用，重新参与市场竞争。为了提升破产案件的透明度和办案效率，上海地区法院完善了破产案件全流程网上办案平台，并建立了破产案件涉案信息在线查询机制。通过这些数字化平台，相关信息的获取和案件的办理变得更加便捷，为法院、企业和债权人提供了一个高效的沟通和操作平台。

在市场化运行方面，上海市不断完善政府部门在办理破产时的服务保障机制，确保破产程序能够在市场化原则下有序进行。同时，上海市还深化了对破产费用构成和行业监管机制的研究，优化了政府定价的司法鉴定服务项目的收费标准，以进一步规范破产程序中的费用问题。为了推动破产制度的改革和创新，上海市浦东新区全面推进落实了若干完善市场化、法治化企业破产制度的规定，积极探索包括预重整、简易重整和申请提名管理人等在内的多项改革措施。通过这些创新性的尝试，浦东新区在破产制度的市场化和法治化进程中走在了前列，为其他地区提供了宝贵的经验和借鉴。

（二）企业服务提升行动

1. 政务服务

在政务服务领域，上海市有关政策进一步推进企业服务事项向各区政务服务中心的集中，旨在通过集中服务，提升政务服务的专业化水平。这一举措不仅为企业提供了更为便捷的办理渠道，还保证各区政务服务中心在提供人才、融资、科技创新和法律支持等方面的专业服务，确保企业在发展过程中能够得到全面的支持。线上线下的帮办体系也在不断完善，保证企业在办理各项事务时能获得高效的指导和帮助。在惠企政策方面，上海市致力完善"免申即享"制度，确保行政给付、资金补贴、税收优惠等措施能够更加直接、快速地惠及企业。通过这一制度的完善，企业无须再烦琐申请，便可自动享受政策红利，从而减轻企业的行政负担，提升企业获得感。

政务服务改革的深化同样体现在"一业一证""高效办成一件事"和证明事项告知承诺制的推进上。通过强化数据共享机制，上海市力求避免企业在办理过程中重复提交材料，最大限度地简化审批流程，降低企业办事成本。同时，通过打造"智慧好办"服务品牌，上海市不断提升服务的智能化水平，为企业和群众提供智能预填、智能预审、自动审批等一系列智能化服务，显著提升了办事效率。"随申办"企业端服务的不断迭代升级，也为企业提供了一个更加便利的线上平台。通过这一平台，企业能够更便捷地享受政策、获取服务、表达诉求，形成一个政策直享、服务直达、诉求直通的企业专属空间。这种以用户为中心的设计，极大地提升了企业与政府互动的体验感和满意度。为了进一步提升企业办事的便捷性，《上海市企业办事一本通》的升级和推广工作也在持续推进。这为企业提供了全方位的办事指南和信息查询服务，帮助企业在办理各类事务时更加有序和高效。

2. 政策服务

在政策服务领域，当前上海市政府和有关行业主管部门的工作重点是制定和优化惠企政策的全流程工作标准，以提升线上线下服务的整体效率。企业在享受政策支持时能够体验到更加流畅和便利的服务。这一系列的改进措施旨在确保政策的传递和落实更加精准高效，为企业提供切实的帮助和支持。"上海市企业服务云"平台的升级是其中一个重要环节，特别是在"惠企政策一窗通"功能的完善方面。通过整合"政策超市"，该平台实现了政策信息的一窗总览、阅报联动和一口查询，使企业能够更加便捷地获取所需的政策信息。借助人工智能技术的运用，该平台进一步提升了政策的精准推送和申报关联功能，使企业在高频次政策申报时能够更轻松地完成流程，减少不必要的重复劳动。

为了进一步提高政策的透明度和可理解性，政策服务领域还致力打造政策宣传直播平台。这一平台以企业视角和市场话语体系进行政策解读，让企业更清晰地理解政策内容及其带来的影响。与各类协会商会合作，政策服务部门也积极面向不同类型的企业开展热点政策的专题解读系列活动，确保各类企业都能及时了解和掌握最新的政策信息。重点企业"服务包"机制的推广落实是一项重要的政策服务措施。通过这一机制，政府能够更好地回应企业的个性化需求，提供更加有针对性的服务。无论是在政策咨询还是在具体的支持措施上，重点企业都能通过这一机制获得更为直接和有效的帮助，进一步增强发展的信心和动力。

3. 园区服务

在园区服务领域，上海市的相关政策致力出台一套针对园区营商环境建设的服务指南，旨在引导各类园区和楼宇不断提升专业服务水平。这一举措的核心是通过开展"营商环境示范园区（楼宇）"的建设，树立典型，推广最佳实践，进一步优化园区的整体营商环境。在创新创业生态的构建领域，上海市落实了高质量孵化器培育的相关措施，致力提升科技成果的转化效率。园区被鼓励积极探索新的机制，整合现有资源，优化对人才、土地和资金等关键要素的保障，全面营造一个对青年友好、对家庭友好的创新创业环境和工作生活氛围。这种支持政策不仅促进了创业生态的繁荣，也为吸引更多的创新人才和项目提供了良好的基础。

为了进一步推动园区的发展，市、区两级的企业服务资源正不断向园区倾斜，通过设立公共服务站点，为园区提供更为贴心的服务支持。这些站点的设立，旨在确保园区内的企业和创业者能够便捷地获得所需的各种服务，真正发挥"店小二"式的贴心服务作用。在政策宣传方面，政府特别强调了打通"最后一公里"的重要性。组织一系列的政策进园区活动，不仅加强了政策的普及和宣传，也促进了基层政策服务队伍的能力建设。这些活动的开展，使得园区内的企业能够更及时地了解并利用各项政策，从而提升经营效率，增强竞争力。简化战略预留区项目的引进程序是园区服务优化的另一个重要举措。通过简化和加快项目引进和落地的程序，上海市旨在降低企业的进入门槛，促进更多优质项目在园区内迅速落地生根，推动区域经济的快速发展。

4. 涉外服务

在涉外服务领域，上海市大力推进"国际服务门户"的建设，旨在整合各种涉外服务资源，提升服务的整体效率和便利性。该门户的建立，使得涉外政策能够通过多语种形式进行集中发布，确保外籍人士和外资企业能够及时获取最新的政策信息和相关服务。为进一步优化外商投资环境，上海市着力构建了外商投资企业标准化协作平台。通过这一平台的运作，公众对相关标准制定过程的参与度和透明度得到了显著提高，增强了外商投资企业对投资环境的信任感，有助于吸引更多国际投资者到上海市落户发展。

重大外资项目专班机制的作用在上海市涉外服务中得到充分发挥，通过这一机制，上海市不断加大对外资项目的服务支持力度，推动这些项目更快地完成落地和建设。这样的专班机制，确保了外资项目在各个环节都能够获得及时和有效的帮助，减少了项目推进中的障碍。在对外展示营商环境方面，上海市通过举办城市推介大会，向全球投资者全面展示上海市的独特优势和一流营商环境。这种推介活动，不仅增强了上海市在国际上的影响力，也为潜在投资者提供了一个全面了解上海市的机会，从而吸引更多外资。涉外服务的优化还体现在"外国人工作、居留单一窗口"办理居留、就业证件服务范围的扩大上。在一些中心城区，这项服务从 A 类工作许可证扩大到 B 类，使外籍人士的办证过程更加便捷和高效。这不仅简化了外籍人士在上海市的工作和居留手续，也为上海市吸引更多国际人才提供了有力支持。

（三）监管执法提质行动

1. 综合监管

在综合监管领域，上海市着力于加强信息公开，提前发布各部门的年度行政检查计划，以提升监管透明度和预见性。通过探索"一业一查"和"综合查一次"等新模式，推动部门联合的"双随机、一公开"监管方式成为常态。这种方式旨在减少对同一监管对象的重复检查，在可能的情况下，实现跨部门联合检查，从而提高行政效率，减轻企业的负担。除非遇到投诉举报、上级指示或其他机关移交的线索，或有重点领域专项行动的部署，否则原则上对同一对象的行政检查每年不应超过两次。在行政检查过程中，要推广使用"检查码"，以进一步规范涉企行政检查的操作程序，并通过开展监管效能评估来提升行政检查的质量和效果。为确保行政执法的公正性和合理性，上海市健全和完善行政执法裁量权的基准，推进包容审慎监管，依法扩大不予行政处罚事项的范围，并细化减轻行政处罚的标准。这些措施旨在实现更加柔性化和精细化的监管，减少不必要的行政干预。同时，为了提升监管的针对性和有效性，上海市建立了跨部门综合监管重点行业领域清单，并根据实际情况进行动态调整。在食品、药品、医疗器械、危险化学品、燃气、特种设备和建筑工程质量等关键领域，上海市通过整合现有的监管规则和标准，围绕场景应用建立了审批、管理、执行、信用等部门协同的综合监管机制。这种机制通过部门间的紧密协作，实现了对重点行业的全方位监管，确保监管措施的落实和市场秩序的维护。

2. 智慧监管

在智慧监管领域，上海市大力推动大数据、人工智能、物联感知、区块链等先进技术的应用，旨在增强非现场检查的效能。这些技术的综合运用，使得监管可以通过"远程管""易分类"和"早干预"等方式，实现更为精准和高效的监管。当非现场监管能够达到预期的监管目的和效果时，可以减少甚至取消现场检查，避免对企业的不必要干扰。特别是在一些信用风险较高、投诉较为集中的预付式消费领域，如美容美发和运动健身行业，上海市编制了综合监管的风险点清单，建立了详细的风险预警指标体系。这些举措旨在确保上海市相关部门能够及时识别和感知潜在的风险隐患，进行预警推送，并在风险显现时迅速发现并有效处置，维护市场的健康运行和消费者的权益。为了进一步提升市场监管的数字化水平，上海市着力构建了一套标准上下贯通、数据纵横互联、智能深度融合、态势精准感知和区域示范协同的数字化监管体系。这一体系通过统一的标准和数据的互联互通，实现了各类监管信息的整合和共享。同时，依托智能化分析工具和技术手段，上海市相关部门能够对市场态势进行精准感知，形成动态的风险预警和响应机制。

3. 信用监管

在信用监管领域，上海市着力完善信用评价与分级分类监管机制，实行差异化的监管措施，旨在根据企业的信用状况选择相应的监管策略。对于信用良好的企业，通常不主动开展常规检查，仅在有举报投诉、转办或交办等线索的情况下，才会进行"事件触发式"检查。这样做的目的是减少对守法守信企业的干扰，优化营商环境。同时，对于信用一般的企业，会按照规定的比例和频次进行抽查，以确保基本的监管覆盖。而对于违法失信、风险较高的企业，则适当增加抽查的比例和频次，确保对高风险行为的及时发现和处理。在失信惩戒方面，市场监管部门持续动态调整惩戒措施的基础清单，以确保惩戒手段的有效性和针对性。与此同时，上海市不断完善公共信用信息的分类修复制度，探索实施失信行为纠正信息的共享，以及申请信息智能预填和电子印章实时调用等便利化措施。这些措施的实施旨在为企业提供更便捷的信用修复途径，鼓励失信企业及时改正失信行为，重建信用。在清理拖欠企业账款方面，上海市发起了专项行动，着重加强对信息披露的监测，将政府部门和国有企业拖欠账款的失信信息纳入政务诚信和国企考核。这一举措的目的是提升账款支付的透明度和及时性，督促相关部门和企业履行支付义务，维护企业的合法权益和市场的正常秩序。

4. 新产业、新业态、新模式监管

在新产业、新业态和新模式的监管领域，上海市着重加强了对监管职责不明确或存在争议领域的统筹协调，明确各相关部门的责任分工。这一举措的主要目的是确保新兴行业在监管过程中能够有清晰的指导和支持，从而避免因职责不清导致的监管空白或重复监管。在推动企业创新发展的过程中，上海市支持企业总部研发中心与生产功能的结合，实施"研发＋生产"的新模式。通过这种方式，企业可以在同一地址进行研发和生产，实现"一址两用"和"工业上楼"的创新模式。这不仅提高了空间利用效率，还促进了研发与生产的紧密结合，为行业带来更多灵活性和创新机遇。为了优化监管环境，上海市推进市场监管领域的清单制度，明确不予行政处罚、不予实施行政强制措施的情形。这一清单的编制和实施，旨在进一步深化包容审慎执法的原则，为新兴行业的发展提供更为宽松的环境。在这种环境下，企业可以更大胆地进行创新试验，而不必过于担心因新业态或新模式而可能面临的行政处罚或强制措施。

5. 监管合规引导

在监管合规引导领域，上海市持续推进中小企业合规管理体系的完善，鼓励企业通过开展常态化的"法治体检"和"合规体检"来加强自身的合规建设。这一举措旨在帮助企业定期检查和改善其法律合规状况，确保企业各项经营活动符合法律和监管要求，降低风险。在多个执法领域，公安、消防、生态环境保护、文化市场、卫生健康以及人力资源和社会保障等部门进一步强化对经营主体的合规引导。这种多部门的协调监管，有助于形成一个全面而一致的合规指导框架，帮助企业在多个层面上了解并遵守相关法律法规，推动企业规范化运营。

针对金融、知识产权、人工智能、医疗与生命科学等具有特殊要求的行业，上海市编制了专门的合规指引。这些指引旨在帮助企业完善内部管理流程，强化自我监督能力，确保企业在快速发展的行业环境中能够保持合规经营。这些指引不仅提供了详细的操作指南，还帮助企业预见潜在的合规挑战，从而更好地应对复杂的监管环境。为新入市场的经营主体，上海市试点推广了"新入经营主体合规告知制度"。这一制度的设立，为新成立的企业提供及时和必要的合规信息，帮助企业在初期运营阶段就建立起合规意识和制度基础，避免因不熟悉法律规定而陷入不必要的法律风险。在合规审查方面，上海市研究制定了类型化的有效合规审查标准，力求统一规范验收方式、评分体系等。通过这些标准化的审查流程和要求，上海市确保了合规检查的公正性和一致性，为各类企业提供了明确的合规参考框架。

（四）营商环境协同共建行动

1. 强化政企社学合作共建

在强化政企社学合作共建方面，上海市着力建立政企互动、市区联动和商会协同的常态化沟通机制，并推动这一机制的制度化发展。这种多方协作的框架，旨在促进政府、企业和社会各界之间的紧密联系，确保各方能够及时沟通和反馈，形成高效的合作网络。为广泛听取关于优化营商环境的意见和建议，上海市积极依托媒体、智库、商会和高校等社会力量，征集经营主体在日常运营中遇到的困难和迫切需求。通过这种多渠道的意见收集方式，相关部门能够全面了解企业在经营过程中所面临的挑战，精准锁定问题，从而选择更具针对性的解决方案。收集到的意见和建议将被整理成事项清单，并通过各方协作共同推动问题的解决。在涉企数据管理上，上海市注重加强对企业统计调查项目的管理，特别是指导各区依托园区和楼宇的重点企业基本信息平台，促进涉企数据的共享。这种做法旨在减少企业在数据报送过程中的重复性工作，避免多头填报和重复提交各类报表的情况发生。通过这一措施，上海市不仅提高了数据采集的效率，也减轻了企业的行政负担，为企业的正常运营提供了便利。

2. 强化营商环境感知体验

在强化营商环境感知体验方面，上海市通过领导干部亲身参与办理流程的举措，提升企业在办事过程中的体验。这种亲身参与不仅使领导干部更深入了解企业的实际需求和面临的困难，也使他们从基层视角出发，优化服务流程和政策执行效果。"营商环境体验官"工作机制的完善是提升企业办事体验的另一关键举措。这一举措不仅使"营商环境体验官"持续扩大其影响力，还通过实际行动不断强化其品牌效应，推动更多企业积极参与营商环境建设，共同促进整体营商环境的优化。为确保企业诉求能够得到及时和有效的处理，上海市充分利用企业服务热线、企业服务云和外资企业圆桌会等多种渠道和平台，从诉求的收集到督办落实，再到结果反馈和激励约束，构建了一个全链条闭环式的问题解决督办机制。这种机制的建立，确保了每一个问题和诉求都能得到高效处理，提升了企业对政策环境的信任度和满意度。

3. 强化营商环境考核评估

在强化营商环境考核评估的过程中，上海市主动对接国家营商环境评价，积极承担国家试点任务，旨在更好地融入国家营商环境建设的整体布局，确保地方实践与国家要求相一致，同时为自身的发展探索更多的创新路径。上海市优化各区营商环境的考核工作，既注重整体水平的提升，也兼顾工作绩效的具体表现。这种双重评价体系的设计，旨在通过细致考核和评价，不断推动各区根据实际情况调整和改进工作方式，以更有效的手段和措施提升营商环境的质量。通过考核评估，各区能够明确自身在营商环境建设中的优势和短板，从而有针对性地进行改进。上海市还鼓励各区根据自身的特点和需求，探索优化营商环境的创新做法。各区有着不同的经济发展特点和实际情况，因地制宜地探索和实践营商环境优化措施，能够更好地满足地方企业的具体需求。通过这种灵活探索和创新，各区能够形成一些可复制、可推广的优化营商环境的经验，为其他地区提供有益的参考和借鉴。

4. 推动长三角地区营商环境共建

在推动长三角地区营商环境共建方面，上海市积极推进跨省通办专窗与远程虚拟窗口的融合服务，旨在进一步深化数据共享和应用，提升跨省业务的协同效率。通过这种整合，企业和个人可以更便捷地办理跨区域事务，享受无缝衔接的服务体验。这不仅提升了办事效率，也促进了区域间的深度合作。同时，上海市不断完善"信用长三角"平台的功能，重点强化信用信息的互联互通和共享应用。这一平台的优化，确保了区域内的信用信息能够实时更新和广泛共享，为企业提供了可靠的信用数据支持，也为各地政府和监管机构的管理和执法过程提供了重要参考。

为了推动区域信用监管的标准化，上海市着力加强长三角统一信用监管制度和标准体系的建设，推动各区在信用标准和监管规则上实现统一与互认。这种标准化的推进，不仅有助于消除区域间的政策壁垒，还能提升整个长三角地区的营商环境一体化水平，为市场主体提供更稳定和可预期的经营环境。在劳动争议解决和知识产权保护方面，上海市推动长三角地区劳动争议的联合调解和协同仲裁，深化区域间的知识产权和商业秘密保护合作。这种联合行动，旨在为企业提供更高效的纠纷解决渠道，增强企业在区域内的经营信心和法律保障。

5. 强化营商环境宣传推介

在强化营商环境宣传推介方面，上海市将营商环境宣传推介工作纳入全市宣传的重点工作，通过全媒体宣传策略，进一步增强上海市营商环境的影响力。这种全方位的宣传方式，旨在展示上海市在优化营商环境方面的努力和成就，向外界传递一个积极的信息，提升城市的吸引力和竞争力。为进一步推广良好的营商实践，上海市持续进行优化营商环境的案例评选，并对优秀的典型案例进行广泛宣传。这些案例的宣传，能够有效展示上海市在营商环境优化中的创新和成功经验，为其他地区提供参考，也为企业在上海市的发展营造一个更加积极的氛围。在媒体合作方面，上海市探索建立"媒体观察员"机制，鼓励媒体通过多种形式对营商环境进行调研和报道。这种机制的设立，不仅支持媒体客观反映上海市营商环境的实际情况，还注重通过媒体的视角，重点宣传和推介企业的真实体验、典型案例以及先进事迹。通过这种方式，上海市希望借助媒体的力量，进一步提高公众对营商环境优化成果的认识和认同。

二、上海市营商环境助力新质生产力发展取得成效

（一）浦东新区努力打造成为营商环境综合示范区

浦东新区努力打造营商环境的综合示范区，通过多种改革和创新措施，进一步优化营商环境。浦东新区不断扩展免于办理强制性认证的进口品类，减少企业进口流程中的烦琐手续，提升通关效率。此外，经营范围登记改革试点的开展，有助于简化企业的登记流程，减少不必要的行政壁垒，支持企业更加灵活地开展业务。在企业标准制定方面，鼓励企业之间联合制定标准，促进行业内的协作和技术提升，可以推动整体市场的健康发展。同时，浦东新区还规范和拓展数字人民币的应用场景，推动数字经济的发展，使数字人民币成为区域内支付和交易的重要工具，进一步提升金融服务的便捷性和安全性。

在知识产权保护领域，浦东新区探索建立知识产权侵权纠纷的调解优先推荐机制试点，旨在通过调解优先的方式，快速解决知识产权争议，降低诉讼成本，提升知识产权保护的效率和效果。此外，针对涉外商事纠纷，浦东新区探索允许当事人自主选择在区内适用特定仲裁规则和仲裁人员进行仲裁，提供更为灵活和高效的争议解决方案。

生物医药产业的发展是浦东新区的一大重点，浦东新区探索为这一产业定制全产业链条的营商环境优化方案，以支持生物医药企业在研发、生产、销售等各个环节的创新和发展。与此同时，浦东新区持续推进张江科学城科技创新特色营商环境的建设，通过开放重大科技基础设施，吸引国内外的创新主体，集聚技术平台、金融服务、创新孵化等多种服务机构，努力打造一流的创新生态。

（二）临港新片区打造成为营商环境制度创新高地

依托临港新片区数据跨境服务中心，企业能够在合规的前提下更加便捷地进行数据出境操作，这为跨境业务的发展提供了强有力的支持。同时，上海市知识产权保护中心临港新片区分中心也已建成并投入运营，为区域内企业提供高效的知识产权保护服务，确保创新成果得到有力保障。为提高涉外劳动人事争议的处理效率，临港新片区在产城融合区内构建了一站式服务机制，从收案到调解、仲裁，再到庭审，提供全流程的属地化服务。这一机制大大提升了劳动争议的解决效率，为企业和员工提供了更为便捷的法律保障。

在法律服务方面，临港新片区法律服务中心不断提质增效，致力搭建企业与法律服务机构的连接通道，为区内企业提供更加专业、便捷的法律支持。这一中心的建设，促进了法律资源的有效配置，帮助企业更好地应对法律风险。区域评估机制的完善，也是临港新片区的一大亮点。通过推动评估成果的全面应用，区域内的各类发展项目得到了更为科学和高效的指导，这有助于提升整体规划和建设的水平。与此相结合，临港新片区积极推动产业链、创新链和服务链的融合发展，探索为重点产业量身定制全产业链的营商环境优化方案。这种整合的方式，旨在为企业提供一个更具活力和支持力的生态系统，助力重点产业的持续发展。

（三）虹桥国际中央商务区营造出国际贸易特色营商环境

在推动电子商务领域的发展上，虹桥国际中央商务区致力建设"丝路电商"合作先行区和辐射引领区，率先试点国际高标准的电子商务规则。这一策略不仅推动了电子商务的国际化发展，也为不同国家和地区的企业探索互利共赢的合作新模式提供了广阔的空间。在人才和法律服务方面，虹桥国际商务人才港和虹桥国际中央法务区的建设积极推进，为商务区内外的企业提供了丰富的专业人才和高效的法律服务，支持企业在国际市场上的拓展和运营。同时，外籍人员一站式综合服务中心的建设，为外籍人员在虹桥的工作和生活提供了便利，进一步提升了商务区的国际化服务水平。

（四）上海市各区打造"一区一品"特色营商环境

上海市各区依托各自的产业发展特点和已有的工作基础，在多个关键领域开展创新试点。这些领域包括企业服务、政策支持、诉求处理、监管与执法、合规指南、融资渠道对接、知识产权保护、公平竞争以及商事纠纷解决等。通过这些试点，区域内形成了独特的营商环境品牌，使得各区都能够发挥自身优势，为企业提供更为精准和高效的服务。为了进一步提升区域的竞争力，各区特别注重结合本区域的产业结构和资源特点，探索出具有地方特色的营商环境模式。比如，五大新城、上海化工区和长兴岛等区域，积极加强产业增值服务，着力打造独特的营商环境，以吸引更多的企业和投资者。这些区域通过提供量身定制的服务和支持，帮助企业在本地实现更快的发展和更大的增值。

第二节　成都市营商环境赋能新质生产力发展案例分析

一、立足企业需求的源头，建立完善的政企沟通机制

成都市地处中国西南地区腹地，是素有"天府之国"之称的四川省省会城市，同时是中国西南地区重要的经济中心城市。数字时代到来，生产方式也随之发生质的改变，生产力由传统逐渐迈向现代化，营商环境的发展需与社会经济的发展相适应。成都市作为中国西南地区重要的经济节点城市，优化营商环境赋能新质生产力全面发展成为成都市在当今时代经济发展所关注的焦点。经过四川省人民政府和成都市人民政府的共同努力，近几年成都市在全面优化营商环境方面取得了诸多显著成果，为新质生产力的又好又快发展发挥了强有力的推动作用。其中，以企业为中心，切实为企业生产经营解决实际问题无疑是成果的根本体现。

（一）不断宣传和完善政企沟通方式

成都市政府在全面优化营商环境的过程中，始终坚信营商环境的理想程度源自广大市场主体，其中政府政务服务提供情况往往作为市场主体评定营商环境理想程度的主要指标。成都市政府在近几年中，不断向企业强化营商环境优化的政策宣传工作，并且将具体的政策导向、政策内容、政策要求做出充分解答，让广大企业能够充分知晓政府部门在全力优化当地营商环境过程中所提供的具体支持。这一措施既可以让广大企业对当地营商环境的发展更有信心，还可以让广大企业积极投身于新质生产力的研究与探索过程之中，为全力加快当地新质生产力发展步伐提供强大的推动力。在实践操作过程中，成都市政府不定期向企业开展问卷调查活动（将天府新区作为主要调研区域），全面了解企业对营商环境优化相关政策的知晓度和满意度，并结合问卷调查结果对政策宣传渠道进行针对性调整和拓宽，确保优化营商环境的相关政策能够被广大企业所理解、接受、响应。另外，成都市政府有关部门和行业协会还不断加大沟通方式的转变力度，以定期进行企业走访的方式为主，以公众号的运营和短视频的发布为重要辅助，力求政府关于优化营商环境的相关政策和所提供的服务得到广泛传播，让广大企业能够感受到营商环境中的正能量，新质生产力也会在这样的氛围驱使下逐渐形成并实现快速发展。

（二）全力提升政府行政部门信息回应的实效性和政企沟通效果

成都市政府在倾力打造理想营商环境，加速新质生产力的形成与发展过程中，始终牢记中共中央、国务院对优化营商环境所提出的具体要求，确立起科学的服务理念，力求政府各部门和行业主管部门与企业之间的沟通始终保持高度有效。在这里，成都市政府还对"有效性"做出了明确解释，即政府能够对企业所提出的各种需求予以及时反馈，还要对企业提出的具体问题和可行性建议分别予以及时响应、及时解决，这样广大企业能够从中感受到自身的发展情况已经得到政府部门，以及行业主管部门的高度重视，产品生产和市场经营活动的满足度也会随之提升。成都市政府部门和行业主管部门在全面提高与企业之间的沟通有效性过程中，还加大了对沟通文化的建设力度，并且开通了政府服务企业的绿色通道，做到政府政务服务的各项工作能够与企业的需求保持有效对接，实现企业在向政府部门提出具体要求之后，政府部门主动联合市场主管部门对企业具体需求进行系统化梳理、分析，提出解决方案，并在解决方案正式执行之前第一时间反馈至企业，确保问题解决的成效最大化。除此之外，成都市政府还要求各级政府部门和行业主管部门不断对政务服务的沟通技巧予以提升，这样可以提高政府部门对企业提供各项服务的效率。

二、以一线城市为模板，全力补齐政府服务中的短板

（一）不断促进行政审批和信用审批的便利性

在全面优化营商环境，努力加快新质生产力发展步伐的过程中，成都市政府部门和有关行业主管部门始终保持虚心学习和科学借鉴的态度，将一线城市所取得的成就作为模板，不断结合所辖区域经济发展大环境，以及企业的普遍需求，对优化营商环境的短板予以快速补齐，从而为新质生产力的发展提供理想大环境。所付出的努力主要包括有效取消和合并行政部门审批程序，以及有关行业主管部门的信用审批程序，并将具体的审批流程进行最优化处理，以求广大企业在行政审批阶段能够对成本进行有效控制，同时增加了前置、后置审批事项。经过上述改革，所获得的显著成果主要体现在全面形成了"证照分离"审批模式，通过先告知承诺的方式，对能够满足政府部门或行业主管部门所提出的办理条件、审批标准、审批要求的企业，政府部门和行业主管部门不再对其申请进行审批，而是直接进行业务办理。在此之后，将取消审批和审批备案工作进行逐步推广，确保当地审批制度改革真正成为优化营商环境、加快新质生产力发展的重要推手。

（二）全面加大政府事中和事后政务服务的监管力度

成都市政府部门在全面优化营商环境，加快新质生产力形成与发展的实践过程中，已经深刻意识到监管问题是确保审批工作达到预期目标的关键因

素。因为政府部门的最终目的就是要提高市场的活跃度，带动广大市场主体积极投身于新质生产力的研发过程之中，一旦有不良资本进入市场，那么市场运行的大环境势必会遭受不良影响，不仅营商环境不会趋于理想化，新质生产力的发展也会受到一定阻碍，资本"宽进"的意义也随之消失。对此，成都市政府和行业主管部门在优化营商环境，全力推动当地新质生产力发展的实践过程中，确立了"'放'在'管'的前提下进行"这一理念，全面实行先监管后验证效果的模式。在此期间，要充分发挥网络综合监管平台的具体作用，将市场主体的各类信息进行登记，并且要将资质信息和监管信息通过该监管平台向全社会发布。一旦发现存在不良信用记录的市场主体，有关监管部门和执法部门要及时对其予以惩戒，起到对市场主体生产经营行为进行有效约束的作用。与此同时，成都市政府在优化营商环境、促进新质生产力发展过程中，也形成了一整套集信息查询、协同管理、联合惩戒、数据分析功能于一体的营商环境管理体系。

（三）倾力打造系统的企业扶持机制

从营商环境评价指标的角度分析，成都市将影响区域营商环境发展的重要指标划分为三个大类：第一类是招商引资环境，第二类是创业环境，第三类是市场主体的生命周期。针对前两类评价指标，前文已经对成都市政府部门和有关行业主管部门的具体做法进行了明确论述，而关于最后一类评价指标，成都市政府部门和有关行业主管部门则将制定具体的扶持举措作为重要突破口，从而反映出对区域营商环境优化所产生的影响。成都市政府部门和有关行业主管部门不仅将新增市场主体的数量视为重中之重，还将市场主体在市场发展中的持久性作为关注焦点，这样营商环境评价指标就涉及"新增率"和"留存率"两项重要内容。政府部门和有关行业主管部门在优化营商环境，促进新质生产力发展的实践过程中，切实保障市场主体始终保持较为理想的"新增率"和"留存率"并非易事。成都市政府部门和相关行业主管部门通过倾力打造系统的企业扶持机制已经将保持较为理想的"新增率"和"留存率"转变为现实。其间，政府部门联合行业主管部门，以及金融部门共同设立企业扶持基金和产业发展引导基金，其目的就是为企业投资与发展提供充足的资金和正确的发展方向，让企业资金投入和人力资本投入能够真正落在实处，切实帮助广大企业解决最根本的"痛点"。除此之外，成都市政府部门和行业主管部门还做到始终与企业保持密切交流，以其最基本的需求为重要出发点，联合国有银行、商业银行、政策性银行，通过结构性货币政策等工具，对辖区内的大、中、小、微型企业和个人提供金融支持，确保其能够在最短的时间内获得启动和发展资金，并为其提供专业的金融咨询和金融培训等活动，力求成都市整体营商环境优化效果不断提升，为新质生产力发展发挥最直接和最有力的推动作用。

三、以过程和结果为导向，全面提升政府的政务服务水平

（一）全面提高政府线上政务服务能力

成都市在探索以优化营商环境促进新质生产力发展的实践路径过程中，深刻意识到政府政务服务实现方便快捷，对全市营商环境建设与发展的过程与结果有着直接影响，新质生产力发展的整体效果也会随之产生变化。对此，政府部门和有关行业主管部门在最近几年中，不断强化互联网技术在政府政务服务中的支撑作用，进而提高政府部门和行业主管部门行政审批和信用审批速度。政府部门还取消"仅提供指南"的政府互联网办事平台入口，切实做到广大市场主体进入政府部门在线办事页面，就能随时进行业务查询、业务咨询、申请提交、跟进查询等操作，并最终获得满意的答复。这样既提高了成都市政府政务服务的效率和标准化水平，也是政府部门线上政务服务能力全面提升的直观体现。

（二）提升政府政务服务网络的集成度并确保各部门之间的协同发展

在成都市政府和行业有关主管部门全面提高政府政务服务水平过程中，线上政务服务能力的全面提升取得各项成果并非偶然。具体而言，这主要表现在两个方面：一是全力打造集成度较高的政府政务服务网络，二是全面加

强政府部门和行业主管部门在政府服务领域中的协同性。前者将重点放在政府服务信息披露不充分和政务服务流程衔接不畅通两个方面，运用前沿网络信息技术，对政府政务服务网络进行流程再造，力求政府部门和行业主管部门在政务服务改革过程中，始终高度面向市场主体，始终以实现市场主体获得感最大化为目标。后者将重点放在部门之间拼盘化现象较为严重，以及碎片化现象较为普遍两个方面，借助先进的网络信息技术，全力打通各部门之间的信息共享渠道，确保广大市场主体在接受政府部门的行政审批，以及行业主管部门的信用审批过程中，无须重复提交材料和辗转于多个部门之间。这样不仅实现了政府政务服务全过程在各部门之间全面协同发展的局面，还让政府政务服务的办事效率得到最大限度提升。

（三）制定完整且可量化的政府政务服务考核指标

成都市政府部门和有关行业主管部门在全面提升政府政务服务水平，打造理想营商环境并促进新质生产力发展实践的过程中，高度重视对政府政务服务工作的标准化建设，不仅确定了行政审批和信用审批基本流程的标准化，还强调各项工作的实施过程与成果做到全面量化，促使政府部门在政务服务领域的行为与操作始终保持高度规范。针对各项工作实施过程与成果的全面量化，政府部门会同相关行业主管部门，对政府政务服务考核指标进行了系统化制定，包括处理政务要件的数量、服务流程的市场主体满意度、服务时限等，这样政府部门和有关行业主管部门就可以将考核难度较大，以及考核过程较为复杂、烦琐的行政审批或信用审批项目实施过程、成果客观呈现出来，考核结果可以作为成都市政府部门和行业主管部门改进政务服务举措的客观依据，营商环境也随着时间推移变得更为优质，新质生产力也由此具备了较为理想的发展空间。

第三节 东北地区营商环境赋能新质生产力发展案例分析

东北地区长期以来作为中国的重工业基地，在 1949—1979 年，经济发展速度领跑全国其他省份和地区。而在 1980 年之后，中国经济发展的战略重心逐渐南移，东北地区经济发展速度逐渐放缓。中国共产党第十八次全国代表大会胜利召开以来，全面振兴东北老工业基地成为国家经济发展战略的重要一环，东北地区更是在打造优质营商环境方面做出了巨大努力，为新质生产力的形成与发展提供了诸多理想前提条件，新质生产力的形成与发展的效果较为理想。笔者以下就围绕两个方面，将东北地区营商环境赋能新质生产力发展案例予以深入分析，具体成果如图 6-1 所示。

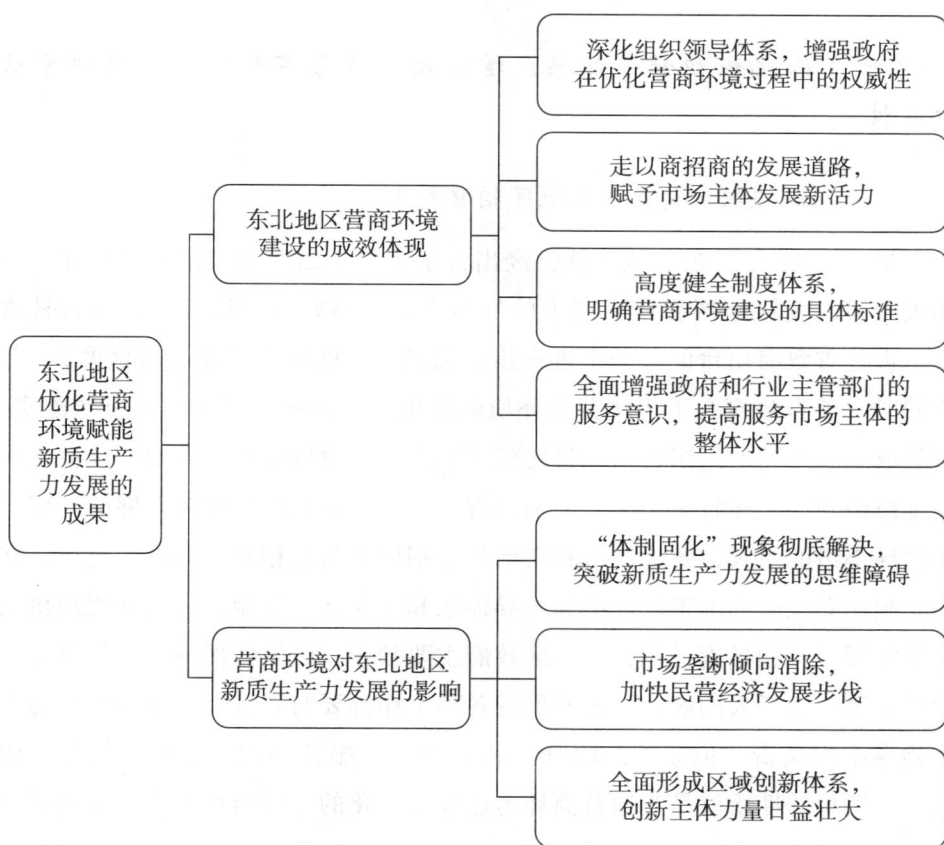

图 6-1　东北地区优化营商环境赋能新质生产力发展的成果

一、东北地区营商环境建设的成效体现

2019年，国务院出台《优化营商环境条例》，东北地区全面开启关于营商环境建设与优化的各项工作。在这一过程中，全面巩固现有发展成果，并对存在的薄弱环节进行了系统性改善，所采取的关键举措普遍体现出实效性强的特点。经过各级政府部门的共同努力，当前东北地区经济发展处于平稳状态，重点项目建设快速进行，所释放出的市场活力更是有目共睹，这显然为各省新质生产力不断形成与发展提供了理想的环境。

（一）深化组织领导体系，增强政府在营商环境优化过程中的权威性

1. 专门的组织机构在东北地区相继成立

早在2016年，东北地区就已经出台了关于全面优化经济发展软环境的相关政策，为该地区新质生产力的发展提供了良好的政策环境，如吉林省委、吉林省政府出台的《关于进一步加强经济发展软环境建设的意见》。与此同时，各省政府为了优化营商环境的各项政策能够得到全面而有效落实，纷纷成立了专门的组织机构，目的就是全面加强对该项长期性而系统性工作实施组织领导。在省级层面，分别由省委书记和省长担任经济发展软环境工作领导小组的组长，各地级市和自治州分别设立与之相对应的组织机构，并建立起一套完整的上下联动组织领导体系和工作运行机制。专门的组织机构全面实行主管领导责任制，各地区政府主要领导，以及各部门主管领导要全面肩负第一责任人的职责，所开展的各项工作都要对省级经济发展软环境工作领导小组负责。例如，2018年，吉林省政务服务和数字化建设管理局成立，该机构的性质就是当地营商环境建设与优化的专门组织机构。在该组织机构的带领下，吉林全省范围内纷纷成立了市级和县级营商环境主管部门和机构，并形成一整套由党组织领导、政府负责、人大常委会监督、政协积极参与、社会各界高度协同的营商环境建设工作体制，确保全省营商环境建设与优化各项工作始终处于齐抓共管的状态。

2. 组织领导成员构成高度合理化

早在 2015 年，东北地区就已经开始围绕"优化营商环境"和"加快产业项目建设"做出相关战略部署，并且在各省省委、省政府的指导下，全面掀起了抢抓产业项目和大力优化营商环境的热潮。2021 年，东北地区又一次对各省市优化营商环境提出了明确要求，不仅进一步强调各级党组织发挥对营商环境建设过程的指导作用，各省还要建立"五级书记抓营商环境"工作机制，以此为各地区营商环境的建设与优化提供鲜明的导向，形成前所未有的营商环境发展格局。与此同时，各省还充分发挥人大常委会和省纪委在区域营商环境建设与优化中的监督作用，通过各项监督措施的深化落实，确保监督资源的全面提升、监督网络无死角出现、监督手段保持有效对接，真正做到各项监督工作不失位、不丢位、不添乱，这为有效解决各省在全力打造理想营商环境过程中所遇难题提供了保证，进而对各省、市、县营商环境的持续优化起到了保驾护航的作用。

3. 积极打造"亲"且"清"的政商关系

东北地区在全面打造优质营商环境的过程中，各省政府在确立政商关系时保持着高度一致的思想，即持续进行营商环境深化改革，保持稳步而又精准的执法监管，并通过精准靠前的政府行政服务建立政府与市场之间的关系。具体措施则包括以下两个方面。一是向市场主体宣传优惠政策的力度不断加大，确保市场主体能够及时了解本省对自身发展所提供的具体优惠政策。这一重要举措主要体现在通过政府门户网站，以及政府微信公众号小程序，将优惠政策信息、办理路径、办理时限予以细化，确保市场主体能够感受到营商环境的切实改变。二是常态化进行"企业家日""万人助万企""政企洽谈会"等亲商助企实践活动，让各地区分管领导能够与重大项目和重点企业之间形成对接，力求市场主体在生产经营过程中所遇到的难题能够被政府部门第一时间掌握，并且在最短的时间内提供解决方案，切实做到全心全意服务市场主体发展，不断激发市场主体在生产经营中的活力，同时促成其他投资项目落地东北地区，这为加快东北地区产业发展整体步伐发挥了强有力的推动作用。

（二）走以商招商的发展道路，赋予市场主体发展新活力

1. 招商引资工作实现多措并举

东北地区在全面优化营商环境、促进新质生产力的形成与发展过程中，高度坚持以传统产业升级为主要抓手，以启动重大项目投资为关键，以此来科学打造东北地区产业布局，由此实现在区域经济发展软环境达到优质水平的同时，新质生产力全面迸发。在此期间，各级政府部门始终以招大引强为重要突破口，沿着产业链不断引进新项目，在不断完善产业链条的同时，实现产业集群化发展，让更多战略性新兴产业能够在东北地区相继落地生根并不断发展壮大，最终打造出较为理想的营商环境，新质生产力也会在无形中得到发展。在重大项目的引进过程中，东北地区各级政府部门始终围绕振兴东北老工业基地的思想，结合各地区独有的资源优势，不仅加快各产业的数字化转型，强调积极改进传统生产方式、淘汰落后产能、去库存，还将重点放在千亿元和万亿元规模投资项目的引进上，如现代新型汽车制造产业、医药健康产业、现代装备制造产业、冰雪产业、避暑休闲生态旅游产业等，以此分别实现对营商环境、就业环境、资本运作环境的全面优化。

2. 高度注重以优质服务促成市场主体落地

东北地区自全面深化落实中共中央、国务院所提出的全面优化营商环境，充分激发新质生产力的相关要求之日起，就高度明确"放管服"和"最多跑一次"深化改革的重要意义，并在工作实践中不断加大对提升企业开办效率方面的投入力度。其间，各级政府部门不断探索优化行政审批和信用审批的流程，努力实现将企业开办时间控制在一个工作日之内，做到审批工作最大限度实现网络化，大幅缩减审批流程中转的时间，明确要求各项审批工作务必控制在 24 小时之内完成，做到不加收任何费用。另外，东北地区还普遍成立了由各省政府直接领导的重点项目工作专班，负责对各重大招商引资项目的牵头和推进工作（如获取更多资金支持等），并积极组织各市政府和县政府定期召开"优势推介会""经贸交流活动""项目对接活动"，力保各级党政部门深入优化区域营商环境各项活动之中，促使国内外优质投资项目

成功落地东北地区，不断丰富所辖区域的市场主体。

3.不断探索招商引资工作开展新思路

东北地区各省相继确立了新发展思想，不断对招商引资工作的开展思路、理念、方式进行深入探索。经过近十年的努力，当前已经形成了"线上"与"线下"相结合的招商引资新模式，以及成熟的"项目宣传推介""洽谈推动"等招商引资工作实施策略。另外，东北地区还高度重视各类惠企政策的制定、出台、实施工作，力求各地区能够广泛掀起新一轮招商引资热潮，做到在保障投资项目质量的同时，全面加快东北地区经济发展速度，打造出较为理想的营商环境。具体而言，各省市纷纷结合现有的政策文件和资源优势，对产业发展方向进行了准确定位，同时对产业链发展做出了系统性规划，最终确立起目标明确、途径清晰、实施策略系统的招商引资工作体系。例如，吉林省在全面优化营商环境的过程中，以"六新产业"为全省经济发展的主要定位，同时制定出"万千百"产业发展规划，并以此为基础建立了第一、第二、第三产业"链长制"工作体系，这一过程不仅可以促进全省经济发展大环境的改变，还有助于全省产业链条的现代化发展，新质生产力也会随之出现并得到持续发展。

（三）高度健全制度体系，明确营商环境建设的具体标准

1.各省纷纷出台省级《优化营商环境条例》

2019年10月，国务院正式出台了《优化营商环境条例》，对全国各地区营商环境的建设与发展提出了明确要求。但在此之前，东北地区各省已经结合经济发展大环境和大趋势，相继出台省级优化营商环境条例，其目的就是指导东北地区营商环境的建设与优化，促进东北地区经济走向又好又快发展之路。以《吉林省优化营商环境条例》（以下简称《条例》）为例，《条例》于2019年5月正式出台，并于颁布之日起开始实施，《条例》共由七章内容构成，涉及政务环境、市场环境、法治环境建设三方面，对吉林省营商环境的构建与优化做出了明确规定和指导。各市、县则根据当地经济发展的实际

情况对具体的实施细则予以明确，如任务分工、目标规划、实施策略等，力求全面优化吉林省营商环境的具体举措不仅有鲜明的目的导向，还具有较强的系统性和可操作性。除此之外，吉林省政府还明确指出要将《条例》内容在各大企业和社区进行全面推广，力保广大企业和个人积极参与到营商环境建设活动之中，集全省之力共同营造优化营商环境的良好氛围，有效提高政府、企业、个人在营商环境构建过程中的法治意识和服务意识，为新质生产力全面形成与发展打造理想的软环境。

2. 深入挖掘营商环境绩效考评的效能

东北地区在全面优化营商环境，赋能新质生产力发展的过程中，深刻意识到既要对理想前提条件进行深入挖掘，为良好营商环境的打造和新质生产力发展夯实基础，还要有强大的保障力为其提供支持，由此才能确保各项工作的高效开展。其间，各地区纷纷建立起绩效考评体系，以求客观反映出营商环境优化的过程与成果，为各项措施的针对性改进与调整提供有力依据。具体而言，省级政府部门高度强调以办事程序、办事时间、办事费用的堵点和痛点为重要依据，并参考世界银行指标体系构建的原则，全面确立绩效评价标准和评价指标体系，最终形成一整套适合优化东北地区营商环境的绩效评价体系。在实践操作过程中，省级政府部门做到不断探索优化绩效评价指标的主要方向和举措，并立足"精准对接国家要求"和"突出东北地区地方特色"两个重要方面，最终形成完整的营商环境绩效评价指标体系优化方案，确保绩效评价的过程具有明确的方向性，评价的结果具有高度的客观性和准确性。例如，吉林省在构建优化营商环境绩效评价指标体系的过程中，在遵循"精准对接国家要求"和"凸显本省特色"两项原则的基础上，制定出了"18+10"营商环境绩效评价指标体系。该指标体系顾名思义主要包括两个方面，共计 28 项绩效评价指标。其中，前 18 项绩效评价指标主要引用国际营商环境绩效评价相关指标，后 10 项绩效评价指标主要体现本省特色，而每项绩效评价指标又包含多个二级绩效评价指标。这些评价指标能够为吉林省营商环境建设与优化的总体情况做出综合性评定，绩效评价结果能为政府各部门工作的针对性调整提供客观依据。

3.政府行政服务实现高度标准化

东北地区在探索和实践全面优化营商环境，赋能新质生产力加速形成的过程中，强调以政府数字化转型为根本前提，以此不断提升政务数字化水平。具体操作主要包括三方面。一是全面强化政府服务事项与全国一体化平台的无缝对接，确保政府服务事项所涉及的范围达到高度标准化，为各级政府之间实现跨地域网络办公，全面提高政府服务效率打下坚实基础。二是全面完善政府服务事项相关标准，如此各级政府为市场主体所提供的服务既能保持全方位，还能达到高品质和高效率，如各地区服务事项的编码、流程、材料要保持高度一致等，以此为东北地区政府服务跨区域进行打下坚实基础。三是全面开展关于"政府服务一体化"的相关评估工作，确保上下级政府之间、同级政府之间的办事效率得到不断提升。其间，评价工作主要包括五个维度，即服务所取得的成效、服务方式的完善程度、服务事项的全覆盖、办事指南的准确程度、服务过程的成熟度。最终所获得的评价结果可以帮助政府部门做出有效改进。

（四）全面增强政府和行业主管部门的服务意识，提高服务市场主体的整体水平

1.重点关注政府行政服务能力的整体水平

近年来，东北地区在全面打造优质营商环境过程中，始终坚持以政府服务质量为根本立足点，并让市场主体获得真正的实惠。在具体实践操作过程中，各级政府部门深入落实国家对"放管服"和"最多跑一次"改革所提出的具体要求，重点建设最新版本的审批系统。同时各级政府部门积极组织工作人员参与政府服务标准化培训活动，以及网上政府服务能力培训活动，力保政府服务能够做到线上与线下同步进行，让政府服务工作能够织成"一张网"，市场主体的迫切需求能够得到一次性满足。另外，各级政府还积极开展相关工作人员服务态度、服务理念、服务创新等多个方面的指导培训工作，力求全面提升政府服务办事效率。吉林省政府及下辖各部门已经将340

项服务内容划归"一网通办"事项范围之内，并且要求这些服务事项必须全程通过网络系统进行办理，还有 88 项政府服务事项被划入"跨省通办"事项之列，目的就是全面提高东北地区企业和个人对政府服务的满意程度。

2. 及时发现并整改营商环境建设过程中的不足

近年来，东北地区在营商环境优化过程中，深刻意识到及时补齐短板的重要性，并不断开展关于营商环境的专项治理工作，将该项工作保持常态化。其中，工作的重点包括两个方面：一方面是全面治理政府部门的违约失信行为，提高政府部门在优化营商环境过程中的公信力；另一方面是全面整治阻碍民营经济发展的行为，力保民营经济成为振兴东北经济发展的中坚力量。针对这两项政府专项治理工作，各级政府要求各级主管部门始终坚持靶向攻坚，做到针对现象集中发力，保障策略实施的过程高度有效，让民营经济发展的大环境能够得到根本性改变。以此为基础，省级政府还明确要求各市级和各县级政府定期对营商环境的短板进行自查，并全力开展政府部门、金融机构、行业主管部门乱收费现象的自查自纠工作，最大限度保障营商环境风清气正、作风优良、服务优质。另外，各省级政府还同时加强了诚信建设工作，要求杜绝政府承诺难以兑现、新官不理旧账、办事相互推诿等现象的出现，努力为东北地区营造公平、公正、公开的市场竞争环境。

3. 全力保障政府投诉渠道的畅通性

自 2019 年开始，东北地区进入全面振兴老工业基地的时代，全面优化营商环境也随之成为各级政府部门所关注的焦点。在这一年中，各级政府部门相继对全面优化营商环境做出重要战略部署，既对营商环境优化的整体目标予以高度明确，还对具体实施策略做出了系统性规划。随着时间的推移，各级政府在实践中不断积累经验和教训，明确了信息反馈在全面提高政府服务质量，以及优化营商环境过程中的重要性。对此，各省分别在政务工作投诉渠道的建设方面不断加大力度，相继开通了政府服务热线，以及微信小程序和微信公众号，力求政府各项服务工作的开展过程和实施效果能够第一时间反馈至有关主管部门，这有助于营商环境的全面优化，以及加快新质生产力形成与发展的步伐。以吉林省政府为例，在全面优化营商环境，促进新质生产力的全面形成与发展的工作中，吉林省政府在强调政府服务热线宣传与推广的同时，还分别开通了"吉事办"小程序和"吉林营商环境"微信公众号，以保障市场主体可以通过互联网渠道将政府服务情况予以反馈，从而为各级政府部门及时调整政府服务策略提供重要的信息来源，为不断加快东北地区优化营商环境的步伐，促进新质生产力的发展提供有力保障。

4. 全力提高各区域智慧服务水平

东北地区在探索全面优化营商环境，促进新质生产力快速形成与发展的过程中，将政府部门的数字化建设放在核心位置，以求通过切实提高政府服务效率这一重要途径来推动营商环境的理想化，从而为新质生产力的全面发展提供良好氛围。在此期间，各省级政府部门高度强化网站功能，纷纷推出了政府 App，并通过网络服务平台充分发挥政府线上服务一体化功能，以求政府办事窗口能够深入各市场主体的生产运营活动之中，以及所辖区域居民日常生产与生活之中，力保政府各项治理与综合服务的办事效率得到质的提升。例如，吉林省政府在 2016 年向全社会推出了"吉事办"App，并且以"吉林祥云"综合服务平台、吉林省政府门户网站、网络办事大厅等线上服务渠道为重要依托，为广大市场主体和城乡居民提供政府服务咨询、投诉举报、线上预约、行政审批等政府服务业务，确保市场经济和居民生活的有效运行，营造出良好的生产与生活大环境。2020—2022 年，上述网络信息平台和综合服务平台对当地经济发展和民生保障工作的有序进行发挥了关键性作用，所打造的营商环境和居民生产与生活环境更是被吉林省内各界人士高度认可。

二、营商环境对东北地区新质生产力发展的影响

从东北地区各级政府部门在全面优化营商环境，赋能新质生产力全面发展所采取的具体措施中，可以看出各级政府部门已经明确营商环境作为影响新质生产力发展的主要因素，并且能够准确找出影响营商环境理想化发展的

主要因素,进而各项改革措施能够对新质生产力发展起到至关重要的推动作用。其间,所取得的成果主要表现在以下三个方面。

(一)"体制固化"现象彻底解决,突破新质生产力发展的思维障碍

东北地区在全面优化营商环境,推动当地新质生产力全面发展的过程中,始终以国务院颁布的《优化营商环境条例》为立足点,并围绕东北地区经济与社会发展的实际情况和现有基础条件,积极以市场为导向,通过彻底改变传统生产方式来彻底释放并发展生产力,进而逐渐形成具有现代化特征的经济体系。取得这项伟大成就的根本在于东北地区固有的经济体制已经发生质的改变,进而突破新质生产力形成与发展过程中的思维障碍。在各省政府的领导下,有关政府部门和行业主管部门分别做出了以下努力。

一是各级政府领导班子对经济发展的思维进行了科学转变,做到对当前产业革命发展的大形势做出了全面、客观的分析,不仅从中明确了传统生产方式所存在的弊端,同时得出新质生产力替代传统生产方式的必然性。以此为基础,各级政府部门先对当地现有的产业优势进行了全面分析,结合产业革命所提出的具体要求,深度分析当前产业优势在未来产业化发展道路中是否能够真正发挥作用,最终全面树立起通过优化营商环境培育优质生产力的决心与信心。

二是各级政府领导班子改善地方产业发展过度依靠财政支持的固有思想,高度明确自主创新思想才是培育和发展新质生产力的关键所在,理想营商环境是最基本,也是最有效的前提条件,只有这样才能实现东北老工业基地在新时代背景下的全面振兴。由此,各级政府部门开始转变固有的政府服务、公共治理、法治社会建设的思想和措施,以此来吸纳更多的社会主体参与到东北地区经济发展中来,有效优化当地产业体系,为新质生产力的全面形成与快速发展提供有力支持和保障。

三是各级政府部门对领导干部的考核制度进行了全面优化,对领导干部工作成果的评定不应局限在社会治理方面,还应包括阶段性经济发展指标的

完成情况，切实避免各级政府部门只追求眼前业绩的行为出现，有效保障了营商环境优化和促进新质生产力发展的持久化。具体而言，各省级政府部门要求所辖区域的各级政府领导干部定期组织"振兴东北新质生产力培育中长期规划"的编制工作，并以此为突破口找出确保新质生产力培育与发展的关键性条件，由此获得优化营商环境的具体实施措施，这些工作的开展过程与成果共同构成各级政府领导干部考核的指标体系。

（二）市场垄断倾向消除，加快民营经济发展步伐

东北地区作为中国最早的重工业基地，在全国范围内不仅拥有较为突出的资源优势，同时在交通运输、机械加工技术等多个领域也存在明显的优势条件，所以在改革开放之前一度成为中国经济发展的领跑者。这些优势资源和优势条件的存在，导致在当地经济发展模式中，出现市场垄断现象，民营企业和个人难以进入优势产业之中，致使民营经济难以实现又好又快发展。在东北地区营商环境优化过程中，各级政府深刻意识到这一现象所存在的弊端，采取多种措施积极改善这一局面，不仅市场垄断现象得以有效消除，促使民营经济突飞猛进发展，营商环境和新质生产力的培育也更加具有持久性，具体表现如下。

一是全面推出并落实产业准入白名单制度，降低东北地区优势产业的民营资本准入门槛。由省级政府部门领导，针对所辖区域优势产业进行深入分析，并结合国家对全面振兴东北老工业基地所提出的现实要求，明确所辖区域优势产业准入白名单和具体准入条件，撤销市级和县级审批程序，从而增加民营企业进入当地优势产业的机会，在推动当地优势产业实现又好又快发展的同时，促进当地民营经济的高质量发展。例如，吉林省针对汽车产业、黑龙江省针对医药和石油化工产业、辽宁省针对装备制造和旅游产业发布民营企业准入白名单，鼓励更多的民营资本进入产业链条，为优势产业的集群化发展提供良好前提条件，新质生产力的培育与发展也由此获得了优质"土壤"。

二是通过地方性法规明确民营经济自主经营范围，赋予民营经济更为

广阔的发展空间。各省级政府明确所辖市级和县级政府要加大对民营企业进入当地优势产业的鼓励力度，但进入优势产业的申请与审批工作则要由省级政府相关部门，或者省级行业主管部门来完成，各市级政府和县级政府只能对民营企业自主经营范围，以及违规处理方式与流程、管理部门具体职权范围、管理措施予以相关规定，以此来打造理想的营商环境，为广大民营企业促进当地新质生产力发展提供理想的保障条件。

三是充分借鉴经济发达地区优化营商环境的成功经验，为新质生产力的全面培育与发展提供更为理想前提。各省级政府部门在努力破除市场壁垒，积极打造优质营商环境，以求促进当地新质生产力全面发展的过程中，积极向浙江、江苏、上海等省市学习成功经验，做到在优化线下政府服务方式与路径的同时，将线上办公作为重要的突破口，切实让民营企业在参与优势产业发展过程中，能够有效减少政府办事的时间，将"最多跑一次"的办事理念深入政府服务方方面面，并且对重点项目实施专人跟进，为之提供专门的问题解决方案。这样不仅可以有效活跃当地市场，还为新质生产力发展提供了强大的支持力和保障力。

（三）全面形成区域创新体系，创新主体力量日益壮大

东北地区在全面优化营商环境，促进新质生产力发展的实践过程中，省级政府部门强调相关部门不仅要深刻认识到二者之间存在的具体关系，还要意识到新质生产力形成的基本条件所在，这样优化营商环境和促进新质生产力发展所采取的措施才会具有时效性。对此，各级政府部门已经明确新质生产力的形成必须有创新体系作为支撑，扶持创新主体力量就成为必然，只有这样优质的营商环境才会促进新质生产力不断发展壮大。正因如此，东北地区已经全面形成了各具特色的区域创新体系，创新主体力量日益壮大，为优化营商环境、促进新质生产力的发展提供了强大动力，以下三方面是具体表现。

一是通过与高等院校和科研机构密切合作，实现创新主体的多样化发展。各省级政府在全面优化营商环境，促进新质生产力发展的过程中，深刻

意识到促进参与主体的多元化发展是切实加快新质生产力发展的有利条件，从而以此为突破口，对营商环境优化的具体措施予以深化。其间，既要求各级政府部门在企业、高等院校、科研机构之间发挥桥梁和纽带的作用，促使更多的企业、高等院校、科研机构建立三方合作关系，还要做到以高等院校和科研机构为主导，确保企业生产经营技术创新的水平不断提升，进而加快当地新质生产力的发展进程，这样也让"校、企、政、研"协同发展模式促使当地营商环境更加趋于理想化。

二是针对产业内部新质生产力成熟度的差异性，有效调整促进新质生产力发展的策略。各省级政府强调虽然东北地区战略性新兴行业发展起步较晚，但具有较强的资源和基础条件优势，未来发展空间巨大，所以对新质生产力方面的发展予以高度关注。其间，无论是在政策领域，还是在资金和人力资源领域，省级政府都提供强有力的支持，不断加强高等院校、科研机构、企业三位一体协同发展模式，让企业始终拥有足够的资金和高质量人才从事新产业技术的研发与应用（如传统机械的智能化技术、智能工厂集成技术），从而全面推进各省新质生产力的发展。

三是始终以优化营商环境为根本前提，确保新质生产力的发展拥有"主力军"。东北地区各省级政府在全面优化营商环境、加速新质生产力发展的过程中，深刻意识到理想营商环境的形成需要多方面因素共同作用。其中，市场因素、教育因素、法治环境因素、政府服务因素等缺一不可。为此，在市场因素方面深化改革与发展，各级政府部门高度重视民营经济主体以创新主体的身份不断融入进来，鼓励其在战略性新兴行业发展中将新的技术发展思维和理念加以充分运用，成为新质生产力发展的"主力军"。

参考文献

[1] 魏蓉蓉.中国经济高质量发展问题研究：基于金融供给侧结构性改革的视角 [M].北京：中国金融出版社，2023.

[2] 张培刚发展经济学研究基金会.中国经济结构变迁与高质量发展：第七届张培刚发展经济学优秀成果奖、第一届张培刚发展经济学青年学者奖颁奖典礼、首届中国发展经济学学者论坛文集 [M].武汉：华中科技大学出版社，2021.

[3] 厉以宁,程志强,赵秋运.中国道路与经济高质量发展[M].北京:商务印书馆，2021.

[4] 李志军.新时代中国营商环境评价体系研究 [M].北京：中国商业出版社，2023.

[5] 张三保.中国营商环境、战略领导与技术创新 [M].北京：中国社会科学出版社，2022.

[6] 廖萌.经济高质量发展下的中国营商环境优化研究 [M].北京：经济科学出版社，2023.

[7] 林毅夫,王贤青.新质生产力：中国创新发展的着力点与内在逻辑 [M].北京:中信出版社，2024.

[8] 李季.数字中国：赋能数字时代中国新质生产力 [M].北京：中国商业出版社，2024.

[9] 徐现祥,毕青苗,周荃.中国营商环境调查报告：2022[M].北京：社会科学文献出版社，2022.

[10] 中国包容性绿色发展跟踪调查项目组.迈向更加包容的中国营商环境 [M].北京：中国社会科学出版社，2022.

[11] 郑意.营商环境优化对服务业高质量发展的影响研究 [D].太原：山西财经大学，2023.

[12] 魏珊珊.营商环境对高技术产业技术创新效率的影响研究 [D].太原：山西财经大学，2023.

[13] 杨晓燕.营商环境对中国数字贸易影响的实证研究 [D].北京：北方工业大学，2023.

[14] 李雨欣.高质量发展进程中吉林省营商环境优化问题研究 [D].长春：中共吉林省委党校（吉林省行政学院），2023.

[15] 李裔彦.我国地方法治化营商环境优化路径研究：基于五省政策文本分析 [D].太原：山西财经大学，2023.

[16] 胡珂.地方政府优化营商环境的路径研究：基于长三角地区 41 市的模糊集定性比较分析 [D].蚌埠：安徽财经大学，2023.

[17] 吕雅婧.论省域法治化营商环境评价指标体系的构建 [D].太原：山西大学，2023.

[18] 范雪瑶.营商环境对中国区域经济增长的影响研究 [D].郑州：河南大学，2023.

[19] 齐新月.营商环境、市场竞争与企业创新 [D].南京：南京财经大学，2023.

[20] 赵晓梅.全球营商环境对中国跨境电商发展的影响研究 [D].贵阳：贵州财经大学，2023.

[21] 张兆国，徐雅琴，成娟.营商环境、创新活跃度与企业高质量发展 [J].中国软科学，2024（1）：130–138.

[22] 本刊编辑部.“有效降低全社会物流成本”研讨会专家观点综述 [J].中国流通经济，2024，38（5）：3–17.

[23] 干春晖，汤蕴懿，张晖明，等.笔谈：超大城市率先走出民营企业高质量发展之路 [J].上海市社会主义学院学报，2024（3）：12–38.

[24] 谢玮.如何推动高质量发展，省级政府领导介绍各自举措 [J].中国经济周刊，

2024（9）：68-70.

[25] 李志起.以"北京服务"加快形成新质生产力 [J].北京观察，2024（5）：
20-21.

[26] 熊云飚，代宇杰.营商环境、融资约束与企业绿色技术创新 [J].财会月刊，
2024，45（5）：115-122.

[27] 卢萍，张娅茹.辽宁民营经济的高质量发展与新质生产力的加快形成 [J].沈
阳师范大学学报（社会科学版），2024，48（3）：42-48.

[28] 苏艳丽，张佳慧，谢君平.营商环境、企业创新与新质生产力：基于省级
面板数据的实证分析 [J].沈阳师范大学学报（社会科学版），2024，48（3）：
49-54.

[29] 郑永年.如何科学地理解"新质生产力"？ [J].中国科学院院刊，2024，39
（5）：797-803.

[30] 张强.彰显率先激活新质生产力的亦庄优势 [J].前线，2024（5）：55-57.

[31] 陶东杰，陈政弘，徐阳.营商环境、地方政府税收努力与企业税收遵从 [J].
广东财经大学学报，2024，39（2）：29-43.

[32] 陈灿平.以进一步优化营商环境的软实力培育新质生产力的硬实力 [J].团结，
2024（2）：25-28.

[33] 赵儒煜.东北地区新质生产力加速培育战略与路径 [J].社会科学辑刊，2024
（3）：31-38，241.

[34] 袁莉.新发展格局下我国民营经济营商环境的优化策略 [J].改革，2024（1）：
111-120.

[35] 侯冠宇.营商环境赋能工业高质量发展：影响因素与提升路径 [J].理论月刊，
2023（11）：85-97.

[36] 宋维佳.杭州律师行业助力发展新质生产力跑出法治"加速度"[J].中国律师，
2024（4）：22-24.

[37] 徐豪.专访全国人大代表、滁州市市长吴劲 构建一流营商环境 激活发展
内生动力 [J].中国报道，2024（4）：34-35.

[38] 高泓.营造法治化营商环境：内涵与路径 [J].人民论坛·学术前沿，

2023（23）：108-111.

[39] 英明.新质生产力的基本意蕴、内在要求和实践路径 [J].学术交流，2024（4）：21-32.

[40] 谢瀚鹏，李芳，赵钟.用一流营商环境推动河南装备制造业新质生产力发展 [J].人大建设，2024（4）：56-58.

[41] 李洋.陕西：以制度创新激活新质生产力发展的澎湃动能 [J].中国报道，2024（4）：70-73.

[42] 李军鹏.发展新质生产力是创新命题也是改革命题[J].人民论坛，2024（6）：14-17.

[43] 梁平，马大壮.法治化营商环境的司法评估及其实践进路 [J].法学杂志，2023，44（6）：76-89.

[44] 李瑞琴，王超群，陈丽莉.以制度型开放助推新质生产力发展：理论机制与政策建议 [J].国际贸易，2024（3）：5-14.

[45] 李春晓."港航灯塔"引领优化营商环境 [N].中国交通报，2024-03-22（5）.

[46] 李增福，甘月.营商环境与企业"脱实向虚"[J].山东大学学报（哲学社会科学版），2024（1）：58-72.

[47] 天津市经济发展研究院党委理论学习中心组.在发展新质生产力上善作善成 奋力谱写中国式现代化天津篇章：学习贯彻总书记视察天津重要讲话精神 [J].天津经济，2024（3）：3-5.

[48] 王诺斯，郝建民，石宇杰.面向新质生产力发展的东北营商环境优化研究 [J].辽宁行政学院学报，2024（2）：12-17.

[49] 王华华.地方政府加快形成新质生产力的产业政策新思考：基于生产要素集聚与未来产业链"双螺旋"耦合的路径 [J].行政与法，2024（4）：29-42.

[50] 赵欣，侯德帅.营商环境建设有助于优化企业成本管理吗 [J].财会月刊，2024，45（4）：70-75.

[51] 张青兰.江北：用最优营商环境锻造新质生产力 [J].重庆与世界，2024（3）：48-51.

[52] 顾华详. 高质量建设中国（新疆）自贸试验区的制度创新路径研究 [J]. 新疆社会科学，2024（2）：68-82.

[53] 裴然，侯冠宇. 营商环境赋能数字经济：影响机制与提升路径 [J]. 财会月刊，2024，45（2）：117-123.

[54] 潘洁. 长三角经济关键词 [N]. 国际金融报，2024-02-19（12）.

[55] 陈婷婷，辛爱锋. 如何以营商环境之"优"助力高质量发展？[J]. 先锋，2024（2）：16-20.

[56] 李依妮，裴璇，许默焓. 推动生物医药产业加快发展新质生产力 [J]. 中国国情国力，2024（2）：62-65.

[57] 王红茹. 地方两会传递清晰信号 凸显全力拼经济的决心和信心 [J]. 中国经济周刊，2024（2）：16-23.

[58] 庞瑞芝，王洪岩. 超大规模市场优势、复杂创新能力与培育新质生产力的内在逻辑 [J]. 上海经济，2024（1）：1-11.

[59] 沈坤荣，金童谣，赵倩. 以新质生产力赋能高质量发展 [J]. 南京社会科学，2024（1）：37-42.

[60] 苏玺鉴，孙久文. 培育东北全面振兴的新质生产力：内在逻辑、重点方向和实践路径 [J]. 社会科学辑刊，2024（1）：126-133.

[61] 宋冬林，丁文龙. 以新质生产力为抓手实现东北振兴新突破 [J]. 学术交流，2023（12）：105-122.

[62] 陶然，柳华平，周可芝. 税收助力新质生产力形成与发展的思考 [J]. 税务研究，2023（12）：16-21.

[63] 申浩然. 新质生产力赋能东北地区振兴发展的若干问题探析：基于马克思主义政治经济学视角 [J]. 知与行，2023（6）：60-67.